図解

いちばんやさしく丁寧に書いた

不動産の税金

'24-'25年版

JN007727

成美堂出版

はじめに

　不動産取引には税金がつきものです。取得の際は印紙税、登録免許税、不動産取得税、所有している間は固定資産税、人に貸して地代や家賃を得たり、売却すれば所得税・住民税、さらに贈与や相続のときには贈与税、相続税……。特例や軽減措置の利用のしかた次第で、負担が大きく変わる場合もあります。

　不動産取引の当事者はもちろん、不動産会社や金融機関など、不動産を扱う仕事に従事する人にとっても、しっかり身につけておくべき知識です。

　とはいえ税金に関する規定は多岐にわたり、細かな部分まで完璧に覚えるのは困難ですし、あまり効率的ともいえません。どんな場面でどんな税金がかかるのか、その税金を有利にするにはどうすればよいのかなど、ポイントを押さえて学ぶことが大切です。

　そこで本書では、不動産の税金を「買ったとき」「売ったとき」などケースごとに分け、基本的な内容にしぼってコンパクトに解説しました。図表やイラストをふんだんに使って、項目の要点をつかみやすくしています。

　本書が、不動産取引にかかわるすべての皆様の一助となれば幸いです。

令和6年6月

税理士
吉澤　大

巻頭特集

令和6年度　不動産関連
税制トピックス

こんなときにこんな税金がかかる

不動産の税金インデックス

第1章　不動産を買ったときの税金

第2章 不動産を持っているときの税金

第3章 不動産を売ったときの税金

第4章 不動産を貸したときの税金

第5章 不動産を贈与した／されたときの税金

第6章 不動産を相続したときの税金

本書の内容は、原則として令和 6 年 5 月現在の情報に基づいて作成しております。

令和6年度

不動産関連税制トピックス

令和6年度の税制改正では、省エネ性能の高い住宅の取得やリフォームについて、子育て世帯などへの優遇が行われます。令和6年からの相続・贈与税制の変更にも注意しましょう。

令和6年に行われる改正ポイント

1 子育て世帯・若者夫婦世帯の住宅ローン控除が優遇される

制度の解説 ▶▶ 32 ページ

対象期間 令和6年の入居

● 子育て世帯・若者夫婦世帯*の令和6年の借入限度額は、下図のように上乗せされる。

＊ 19歳未満の子がいる世帯または夫婦のいずれかが39歳以下の世帯。

令和6～7年の借入限度額

※青色の金額＝令和6年に子育て世帯・若者夫婦世帯が入居する場合。

		借入限度額	上乗せ
新築住宅	**認定住宅（長期優良住宅・低炭素住宅）** 国が定める「長期に良好な状態で住むことができる住宅」として認定を受けた住宅。	4500万円	5000万円
	ZEH 水準省エネ住宅 断熱性能や省エネ性能を高めつつ、太陽光発電などによりエネルギー消費量を抑えている住宅。	3500万円	4500万円
	省エネ基準適合住宅 省エネルギー基準を満たす住宅。	3000万円	4000万円
	それ以外の住宅 上記3つに該当しない住宅。	対象外（2000万円*） ＊令和5年までに建築確認がされている場合。	
中古住宅	認定住宅、ZEH 水準省エネ住宅、省エネ基準適合住宅	3000万円	
	それ以外の住宅	2000万円	

2 住宅特定改修特別税額控除が延長され、「子育て対応改修」がつくられた

適用期限 令和6年12月まで　　　　制度の解説 ▶▶ 62 〜 65 ページ

● 新たに「子育て対応改修」の枠が設けられた。控除限度額 25 万円。

対象工事
子の事故を防止する工事、対面キッチンへの交換、開口部の防犯性能を高める工事、収納設備を増やす工事、防音性を高める工事、一定の間取り変更工事。

3 住宅取得等資金贈与の非課税特例が延長された

制度の解説 ▶▶ 132 ページ

適用期限 令和8年12月まで

● 非課税限度額が 1000 万円になる「質の高い住宅」の省エネ要件は厳しくなった
→断熱等性能等級 5 以上かつ一次エネルギー消費量等級 6 以上*。

＊令和5年までに建築確認を受けた住宅、令和6年6月までに建築された住宅は前年までの条件でよい。

これからの住宅には「省エネ」など高性能が欠かせません！

税金トピックス

1人4万円の定額減税をチェック

　景気対策の1つとして、令和6年分の税額から、納税者本人、同一生計の配偶者、扶養親族について、1人あたり所得税3万円、住民税1万円の合計額が減税されます。不動産所得、事業所得などが主な収入の場合は、確定申告などにより減税されることになります。

　一定の高所得者（下記）は対象外です。また令和6年の不動産の譲渡所得などで、臨時的にこの所得を超える場合も減税は受けられません。

定額減税のポイント
● 対象期間は令和6年（1年間）。
● 給与所得者、公的年金受給者は、令和6年6月以降の源泉徴収額や特別徴収税額から減税される。手続きは不要。
● 所得 1805 万円超（給与収入 2000 万円超）の人は対象外。

4 相続前贈与の加算期間が延びた

いつから 令和6年1月以降の贈与から

- 相続財産に加える相続人への相続開始前の贈与の期間が、3年から7年に延長された。
- ・ただし、4〜7年前の贈与は、合計100万円まで加算しない。
- 令和9年1月以降の相続から段階的に延長されることになる（令和6年1月以降の贈与が対象）。

令和6年1月からの贈与は要注意

相続開始の時期	加算対象となる期間
令和9年中	令和6年1月以降の贈与（最長4年間）
令和10年中	令和6年1月以降の贈与（最長5年間）
令和11年中	令和6年1月以降の贈与（最長6年間）
令和12年中	令和6年1月以降の贈与（最長7年間）
令和13年以降	亡くなった日から7年前までの贈与

5 相続時精算課税制度が見直された

いつから 令和6年1月から

制度の解説 ▶▶ 134ページ

- 相続時精算課税制度による贈与は、年110万円まで非課税になった（申告不要）。
- 相続時精算課税制度で贈与された土地や建物が、災害で一定以上の被害を受けた場合、相続のときその価格を再計算できるようになった（通常は贈与時の価格）。

> 生前贈与は
> よく調べて
> 有利な方法を
> 実践しないとね。

相続登記が義務になった

近年、所有者不明の土地が増え社会問題となっています。そこで相続登記の義務化などの法改正が行われ、所有者やその責任者を明らかにする方策がとられています。

【 主な改正ポイント 】

1 相続登記の義務化（令和6年4月から）

- 亡くなった人の不動産を相続した場合、その不動産の取得を知った日から3年以内に、相続登記（所有権の移転登記）をしなければならなくなった。
- 分割内容が期限内に決まらないときなどには、簡易的な登記として「相続人申告登記」ができるようになった。
- 相続登記をしなかった場合、10万円以下の過料あり。
- 遺産分割協議が相続開始から10年間まとまらない場合、法定相続分により分割する（原則）。
- 死亡者名義の不動産の一覧情報を、法務局から発行してもらえるようになる（令和8年2月2日から）。

> そのほか、所有者不明の土地を利用しやすくするための改正も行われています。

2 氏名や住所の変更登記の義務化
（令和8年4月から）

- 相続以外の登記（氏名や住所などの変更登記）も、変更から2年以内に行わなければならなくなる。
- 変更登記などをしなかった場合、5万円以下の過料あり。

3 土地の所有権放棄の制度化

- 不動産（土地）の所有権を放棄できる（国に帰属）。
- 建物がない、担保がついていない、土壌汚染がないことなどが条件。建物がある場合は解体すること。
- 審査手数料と10年分の管理負担金相当額（200㎡の宅地で80万円程度など）が必要。

こんなときにこんな税金がかかる
不動産の税金 インデックス

まず、不動産にどんな税金がかかるのかケースごとに見てみましょう。
くわしい内容は本文ページで解説しています。

 買 **不動産を買った**

| 売買契約やローン 契約を結ぶとき | **印紙税** ┈┈┈┈▶ | 22 ページ |

| 建物の購入金額 に対して | **消費税** ┈┈┈┈▶ | 48 ページ |

| 不動産の登記を するとき | **登録免許税** ┈┈┈▶ | 24 ページ |

> 土地や一定条件を満たす建物なら、軽減税率が適用される（→ 24 ページ）。

| 不動産を自分の ものにしたとき | **不動産取得税** ┈▶ | 26、28 ページ |

> 一定条件を満たす建物や土地なら、控除などにより税額を軽減できる（→ 28 ページ）。

税金が有利になる制度

ローンによる一定の
マイホーム購入、
リフォームなら

住宅ローン控除 ┅┅▶ 32 ページ

一定条件を満たす
マイホームなら
（補助金）

子育てエコホーム
支援事業 ┅┅▶ 42 ページ

 # 不動産を持っている

不動産を所有
しているとき

固定資産税 ┅┅┅▶ 54 ページ

一定の新築住宅やその土地なら税額を軽減できる（→ 56 ページ）。

所有する不動産が
市街化区域にあれば

都市計画税 ┅┅┅▶ 54 ページ

税金にはいろいろな
軽減措置などもあり
ます（青文字部分）。

■ リフォームしたとき

税金が有利になる制度

一定のリフォーム
なら

特別控除

ローンによる一定の
リフォームなら

住宅ローン控除 ┅┅▶ いずれも
62、64 ページ

その他、固定資産税の軽減措置（→ 62、64 ページ）、子育てエコホーム支援事業（補助金）。

売 不動産を売った

| 売買契約を結ぶとき | 印紙税 ·········· | 22 ページ |

| 売却で得た
利益に対して | 所得税、住民税 | 70、72 ページ |

税金が有利になる制度

| 一定のマイホーム
売却なら | 3000 万円
特別控除 ·········· | 78 ページ |

所有期間10年超の軽減税率も併用できる。

| 一定のマイホーム
買い換えなら | 居住用財産の
買い換え特例 ····· | 80 ページ |

事業用の不動産には事業用資産の買い換え特例がある（→ 86 ページ）。

| マイホーム売却で
赤字なら | 譲渡損失の損益
通算と繰越控除 ····· | 84 ページ |

貸 不動産を貸した

| 賃料などの収入
に対して | 所得税、住民税 ·· | 100 ページ |

| 不動産所得が290万円超など | 事業税 ┈┈┈┈┈┈▶ | 106ページ |

| 前々年の課税売上高が1000万円超など | 消費税 ┈┈┈┈┈┈▶ | 114ページ |

税金が有利になる制度

| 正規の帳簿をつけるなら | 青色申告 ┈┈┈┈▶ | 110ページ |

青色申告特別控除などを受けられる。

贈 不動産を贈与された

| 贈与された金額に対して | 贈与税 ┈┈┈┈┈┈┈▶ | 124ページ |

贈与された不動産を登記するとき	登録免許税 ┈┈┈┈▶	24ページ
不動産を贈与された場合	不動産取得税 ┈┈┈▶	26、28ページ
その不動産を所有している間	固定資産税、都市計画税 ┈┈▶	54、56ページ
その不動産を売ったとき	所得税、住民税など ┈┈▶	70、72ページ

取得方法にかかわらず、上のような税金もかかります。

税金が有利になる制度

| 結婚20年以上の配偶者へのマイホーム贈与なら | 贈与税の配偶者控除 ┈┈┈▶ | 130ページ |

親や祖父母からのマイホーム資金なら	住宅取得等資金贈与の非課税特例	▶ 132 ページ
60 歳以上の親や祖父母からの贈与なら＊ ＊子や孫は 18 歳以上。	相続時精算課税制度	▶ 134 ページ

 ## 不動産を相続した

相続した金額に対して	相続税	▶ 146、148、150 ページ
相続した不動産の登記をするとき	登録免許税	▶ 173 ページ
その不動産を所有している間	固定資産税、都市計画税	▶ 54、56 ページ
その不動産を売ったとき	所得税、住民税など	▶ 70、72 ページ

相続から 3 年 10 か月以内の売却なら、相続税の取得費加算の特例を使える（→ 177 ページ）。

税金が有利になる制度

相続人が一定条件に当てはまれば	各種の税額控除	▶ 154 ページ
一定条件に当てはまる土地なら	小規模宅地等の特例	▶ 162 ページ
相続で空き家になった家の売却なら	空き家の3000万円特別控除	▶ 176 ページ

買

第1章

不動産を
買ったときの
税金

代表的な税金は4つ。
諸費用と合わせて確認する

まとめ 不動産の購入には税金がつきもの。その他に必要となる費用とともに
事前に計算して準備しておくことが大切。

諸費用の1つとして内容を確認

　不動産の購入にともない必要になるさまざまなお金を「諸費用」といい、一般に物件価格の5〜10%程度かかるといわれます（→30ページ）。税金は諸費用の1つとして見逃せません。

　たとえば、契約書には印紙税、不動産を持つときに行う登記には登録免許税が必要です。不動産購入で住宅ローンを組めば、その契約書と登記（抵当権の設定）にやはり印紙税と登録免許税がかかります。取得後には不動産取得税も納めます。諸費用以外にも、物件購入や新築時には建物に対して消費税を支払います。

　こうした税金については、いつまでに・どこへ・いくら納めることになるのか事前に確認して、資金計画に盛り込んでおくことが大切です。

マイホームなら軽減措置がある

　購入するのがマイホーム（自分が住む住宅や土地）なら、税金にはさまざまな軽減措置が設けられています。たとえば、登録免許税は通常の半分以下の税率となり、新築住宅の不動産取得税では、課税の基準となる固定資産税評価額から1200万円を差し引ける場合があります。住宅ローンを組んだときには、10年または13年にわたって所得税・住民税が軽減される住宅ローン控除という制度があります。軽減措置や有利な制度の活用には、手続きの方法などの確認が欠かせません。

税金メモ **国税と地方税** 税金には国に納める「国税」と、市区町村や都道府県に納める「地方税」がある。どちらかにより納付先などが異なる。消費税には両方が含まれている。

不動産の購入には税金がつきもの

消費税

建物の購入代金、ローンの事務手数料などに課税される（→ 48 ページ）。

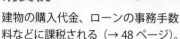

不動産を持っている間は、固定資産税（と都市計画税）を納める（→ 54 ページ）。

契約
（売買契約や
ローン契約）

引き渡し

入居

印紙税

土地や建物の購入、ローンの契約書などに課税される。印紙を購入して文書に貼ることで納付する（→ 22 ページ）。

登録免許税

土地や建物を取得したとき、その権利を明らかにする「登記」を行う際に課税される。登記時に納付する（→ 24 ページ）。

不動産取得税

土地や建物を取得したときに課税される。取得後に送られてくる納税通知書により納付する（→ 26、28 ページ）。

ひとくち COLUMN

税金は事前に試算して、おおよその必要額を把握する

　不動産を購入する際の税金は、事前に試算しておおよその必要額を見込んでおくと安心です。購入者自身が、いつどれくらいのお金が必要なのかをつかむためなので、ざっくりした計算でもかまいません。

　また税額は軽減措置や特例で大きく変わるため、軽減措置などを受けられる物件かどうか、検討時によく確認します。

契約書や領収書には税金がかかる

不動産購入やローンの契約書、領収書には、その記載金額などに応じて印紙税がかかる。購入した収入印紙を貼ることで納付する。

不動産の契約書には軽減税率が適用される

　印紙税とは、一定額以上の契約書や領収書といった一定の文書（課税文書）にかかる税金です。不動産の購入なら、不動産売買契約書や金銭消費貸借契約書（ローン借用書）、売買代金の領収書などで必要になります。

　税額はその文書に記載された金額によって異なります。記載金額が10万円を超える不動産売買契約書、100万円を超える工事請負契約書では、令和9年3月まで軽減税率が適用されます（右ページ表の税額）。

　通常は、金額分の収入印紙を文書に貼りつけることで納付します。貼りつけの際には「消印」が必要です（→50ページ）。収入印紙は郵便局などで購入できます。また、領収書に対する印紙税は領収書を発行する側が負担します。中古住宅の売買などで個人が売り主なら、印紙税は不要です。

貼り忘れにはペナルティがある

　通常、印紙税は契約書1通ごとに必要ですが、契約書を1通作成して他はコピーにすることで、1通分の印紙税額ですませることができます（1通分の税額を当事者間で折半する）。また、不動産関連の多くの契約書は、メール等による電子契約が可能になっており、この場合、印紙税は不要です。

　なお、文書に収入印紙を貼っておらず、それが税務調査などで見つかると、ペナルティとして、本来の印紙税額の3倍の金額を納めることになります（ただし収入印紙が貼られていなくても、その文書の内容は有効）。

税金メモ　**消費税の扱い**　契約書などで消費税が分けて記載されていれば、印紙税は税抜きの金額に課税される。消費税額が明示されていない場合は、税込みの金額で判断することになる。

不動産関連契約書の印紙税額

記載金額	不動産売買契約書	工事請負契約書	金銭消費貸借契約書（ローン借用書）
1万円未満	非課税		
1万円以上10万円以下	200円		
10万円超50万円以下	200円		400円
50万円超100万円以下	500円	200円	1000円
100万円超200万円以下	1000円	200円	2000円
200万円超300万円以下	1000円	500円	2000円
300万円超500万円以下	1000円		2000円
500万円超1000万円以下	5000円		1万円
1000万円超5000万円以下	1万円		2万円
5000万円超1億円以下	3万円		6万円
1億円超5億円以下	6万円		10万円
5億円超10億円以下	16万円		20万円
10億円超50億円以下	32万円		40万円
50億円超	48万円		60万円

注・金額の記載がないものは200円。
　　不動産売買契約書、工事請負契約書は軽減後の税額。

領収書の
印紙税額は182ページ

土地や建物の登記をするとき税金がかかる

まとめ 不動産の権利関係などを明らかにする登記には税金がかかる。
税額は登記費用の1つとして把握しておくこと。

不動産に対する権利を明らかにできる

マイホームの購入をはじめ、不動産を売買したときは、通常その権利関係などを明らかにするために「登記」を行います。この登記に対してかかる税金が登録免許税です。

登記（不動産登記）とは、登記簿という公的な帳簿に、その土地や建物の所在地・面積、所有者の住所・氏名、さらに抵当権といった権利関係などを明示することです。登記をすることで、その不動産への権利が公的なものになります。登記簿は、所定の手続きにより誰でもその内容を見ることができます（登記事項証明書の交付を受ける）。

登記の種類により税率は異なる

不動産の登記として代表的なものに、新築などで最初の所有者が行う所有権保存登記、所有者を変更する所有権移転登記、ローンで不動産を担保にするときに行う抵当権設定登記があります。

税額は、その不動産の固定資産税評価額（→ 59 ページ）に一定の税率を掛けて計算します。自分が住む住宅の取得なら税率が軽減される場合があります。良質な住宅として認定された長期優良住宅などはさらに優遇されます。

納付は、事前に金融機関で支払い、登記の際にその領収証書を添付するか、税額分の収入印紙を購入して手続き書類に貼りつけます。登記を司法書士に代行してもらう場合は、加えて司法書士に対する報酬も必要です。

税金メモ 表題登記 建物を新築したとき、その所在地や構造、面積など基本情報を明示する登記。新築後1か月以内に行う。登録免許税はかからない。

主な登録免許税の計算式と税率

不動産の取得

固定資産税評価額 × 税率

建物

		軽減税率	長期優良住宅の場合*
所有権保存登記（新築住宅）	0.4%	0.15%	0.1%
所有権移転登記（中古住宅など）	2%	0.3%	マンション等 0.1% 一戸建て 0.2%

＊低炭素住宅はすべて 0.1%。認定住宅については 51 ページ。

土地

所有権移転登記	1.5%（令和8年3月まで）

建物の軽減税率の主な適用条件

- ☐ 自分が住む住宅である。
- ☐ 床面積が 50㎡以上。
- ☐ 新築・購入後、1年以内の登記である。
- ☐ 昭和 57 年以降に建築された住宅である。
  注・昭和 56 年以前に建築された住宅は新耐震基準に適合する証明が必要。

住宅ローン

抵当権の設定金額 × 税率
（借入金額）

		軽減税率
抵当権設定登記	0.4%	0.1%

軽減税率の主な適用条件

- ☐ 上記の建物・土地の軽減税率を受けられる住宅のローンであること。

注・上記のうち、土地を除く軽減税率の期限は令和9年3月。

不動産を買ったときにかかる都道府県民税

まとめ 不動産取得税は、不動産の取得に対して一度だけ課税される税金。都道府県からの通知により納める。

税率は軽減により3％が基本

不動産取得税は、不動産を取得したときに土地と建物それぞれにかかる税金です。取得には、新築、購入、増改築のほか、贈与などが含まれます。相続による不動産の取得には、不動産取得税がかかりません。また、登記の有無によらず課税されます。

税額は、その不動産の固定資産税評価額（→59ページ）に一定の税率を掛けて計算します。固定資産税評価額は、市区町村の固定資産評価証明書で確認できます。

税率は本来4％ですが、住宅と土地は3％に軽減されています。また宅地であれば、固定資産税評価額の1/2で計算されます（いずれも令和9年3月まで）。一定の住宅用不動産なら、さらに軽減措置があります（→28ページ）。

納税通知書により納める

不動産取得税は、都道府県税事務所から送られてくる納税通知書を使って金融機関で納めることが一般的です（通常取得してから数か月後に送られてくる。自治体により申告が必要になる場合もある）。

軽減措置を受ける場合は、不動産の取得から60日以内に都道府県税事務所などに「不動産取得税減額申告書」（名称は自治体により異なる）を提出します。提出時には、売買契約書など添付書類が必要です。

税金メモ **不動産取得税の免税点** 固定資産税評価額が建物23万円（新築・増改築の場合）か12万円（売買などの場合）、土地10万円未満なら、不動産取得税は課税されない。

不動産を買うと、建物と土地それぞれにかかる

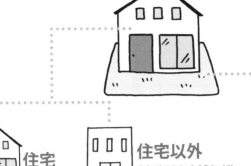

住宅

固定資産税評価額
× 3%

住宅以外
（事務所や店舗など）

固定資産税評価額
× 4%

土地

固定資産税評価額
× 3%

新築の固定資産税評価額
は、購入価額の6割程度
がめやすとなる。

マンションの
敷地利用権も
含まれる。

宅地などの場合、
固定資産税評価額
が1/2になる。

固定資産税評価額

$$\times \frac{1}{2} \times 3\%$$

不動産が住宅かどうかに
よって税率は違います。
一定の住宅用の不動産に
はさらに軽減措置もあり
ます（→28ページ）。

注・上記の税率3％と固定資産税評価額1/2は令和9年3月までの適用。

住宅とその土地には軽減措置がある

まとめ マイホームなどにかかる不動産取得税には軽減措置がある。
期限までに申告しないと適用されないので注意。

中古住宅は新築時期で異なる

　一定条件を満たす新築住宅なら、不動産取得税の計算の際、固定資産税評価額から 1200 万円を差し引くことができます。つまり、固定資産税評価額が 1200 万円までなら不動産取得税はかからないことになります。

　この新築住宅には、マイホームだけでなくセカンドハウスや貸家（賃貸用アパートやマンションなど）も含まれます。

　マイホームとセカンドハウスは、中古住宅でも固定資産税評価額から一定額を差し引くことができます。差し引ける額は新築の時期によって異なります（最高 1200 万円）。

　また、これらの住宅とともに取得した土地などは、計算した税額から一定額（右ページ図）を差し引けます。

　いずれも大きな軽減措置です。控除金額を差し引いた額がマイナスになる場合は、不動産取得税がゼロになります。

申告は都道府県税事務所に行う

　軽減措置を受けるには、不動産の取得日から 60 日以内に都道府県税事務所に申告が必要です。売買契約書などの必要書類を添えて、不動産取得税減額申告書を提出します。

　この申告をしていないと、通常の税額が適用されることになります。計算により税額がゼロになる場合も申告します。

税金メモ　**タワーマンションの不動産取得税**　高さ 60 m超のタワーマンションについては、階数が高くなるほど税額が高くなる（固定資産税評価額に変動はない）。

最大 1200 万円が軽減される

新築住宅

固定資産税評価額から 1200 万円*が控除される。

（固定資産税評価額－1200万円*） × 3%

主な適用条件

- [ ] 床面積 50㎡以上 240㎡以下。
- [ ] ただし、賃貸アパートやマンションなどは 40㎡以上 240㎡以下。

*長期優良住宅（→51 ページ）は 1300 万円。

中古住宅

固定資産税評価額から最大1200万円が控除される。

（固定資産税評価額－控除額） × 3%

主な適用条件

- [ ] 床面積 50㎡以上 240㎡以下。
- [ ] 昭和 57 年 1 月以降の新築。または新耐震基準を満たしている。
- [ ] 貸家は対象外。

> 新築された日により異なる（100 万〜1200 万円。古いものほど控除額が少なくなる）。平成 9 年 4 月以降の新築なら 1200 万円。

宅地（上記住宅の敷地）

税額から一定額が控除される。

$$固定資産税評価額 \times \frac{1}{2} \times 3\% －控除額$$

主な適用条件

- [ ] 土地の取得から 3 年以内に住宅を新築するか、中古住宅は 1 年以内に購入すること。
- [ ] 新築・購入後 1 年以内にその土地を取得すること。

> ❶と❷のいずれか多いほう
> ❶ 4 万 5000 円
> ❷ 1 ㎡当たりの固定資産税評価額 $\times \frac{1}{2} \times$（住宅の床面積×2）*×3%
> * 200㎡が上限。

不動産購入には物件価格以外にも いろいろな費用が必要になる

不動産を購入するときには、建物や土地の代金以外にもさまざまな費用を

主な諸費用と金額の例

印紙税

売買契約書	1 万円
ローン借用書	2 万円

計 3 万円

ローン関連費用

事務手数料
住宅ローンの手続きで銀行などに支払う。

3 万 3000 円
（金融機関により異なる）

ローン保証料
保証会社に住宅ローンを保証してもらう
費用。

100 万円
（保証会社により異なる）

団体信用生命保険料
借り主の死亡など万一に備える保険。

0 円
（金利に保険料分が含まれるケース。銀行ローンに多い）

火災保険料、地震保険料
住宅の災害被害に備える保険。
地震保険は任意。

20 万円
（長期一括払いの例。地域や契約内容により異なる）

計 123 万 3000 円

支払います。住宅ローンを組むときの手数料や保険料、登記費用、各種税金などです。これらを諸費用といいます。内容や金額は、物件の価格、新築か中古か、一戸建てかマンションかなどにより異なりますが、見逃せない金額になります。

　多くの費用は現金で支払うことになるため、事前の準備が欠かせません。資金計画の段階で、どんな費用がどれくらい必要になるかつかんでおくことが大切です。

条件	5000万円のマイホーム購入。住宅ローンは借入金額4000万円、35年返済。固定資産税評価額は建物1500万円、土地1500万円とする。

登記関連費用

登録免許税

所有権保存登記（建物）	2万2500円
所有権移転登記（土地）	22万5000円
抵当権設定登記	4万円

登記手数料（司法書士への報酬）　15万円
（司法書士や登記内容により異なる）

計 43万7500円

不動産取得税

9万円
（軽減税率適用後。不動産の条件によって異なる）

諸費用合計　**179万500円**

その他、ケースによって、仲介手数料やリフォーム代、固定資産税の精算金、修繕積立基金、水道負担金、引っ越し代などが必要です。

マイホーム購入でローンを組むと税金が軽くなる

住宅の取得・購入で住宅ローンを利用したとき、
住宅ローン控除を使うと、13年間または10年間税金の一部が戻る。

納めた税金から最大409.5万円（認定住宅）が戻る

住宅ローン控除とは、住宅ローンを組んで一定の住宅を新築・購入、増改築した場合に、所得税（および住民税の一部）が軽減される制度です。正式には「住宅借入金等特別控除」といいます。

入居した年から13年間または10年間、毎年の住宅ローンの年末残高の0.7％が納めた所得税から戻ります。年間の最大控除額は新築住宅の場合、認定住宅は年31.5万円、ZEH水準省エネ住宅は年24.5万円、省エネ基準適合住宅は年21万円（いずれも中古住宅なら年21万円）、それ以外の住宅は、新築、中古によらず年14万円*になります（令和6〜7年入居の場合。子育て世帯・若者夫婦世帯は優遇措置あり→10ページ）。

所得税から控除しきれない場合、住民税からも控除されます。ただし、最大で年9万7500円です。税金からの控除であるため、その年の所得税＋住民税の一部を超えた控除は受けられません。

事前に条件をよく確認する

住宅ローン控除を受けられるのは自分が住む住宅です。また、床面積が50㎡以上（その年の所得1000万円以下などなら40㎡以上→右ページ欄外注）といった条件があります。住宅の購入前には、住宅ローン控除を使える物件かどうかチェックしておきましょう。住宅ローンを夫婦や親子で分担している場合は、それぞれの持ち分割合で住宅ローン控除を受けられます。

税金メモ　**床面積条件**　適用条件である床面積は登記簿上の面積。マンションなどでは計測方法の違いにより、パンフレットに表示された面積よりやや小さいことがあるので注意。

＊新築住宅は、令和5年までに建築確認を受けている場合。

住宅ローン控除はこんな制度

制度のしくみ

その年の所得税から、年末ローン残高の0.7％の金額が戻る。

年末ローン残高

控除期間は13年間または10年間

| 1 | 2 | 3 | 4 | 5 | 6 | 7 | 8 | 9 | 10 | 11 | 12 | 13（年） |

新築または一定のリノベーション住宅は最長13年、中古住宅は10年。

POINT

令和6～7年入居なら控除額は年31.5万円*¹ が上限。ただし、その年の所得税額を超えた控除は受けられない*²。

＊1 住宅の性能などにより14万～31.5万円（子育て世帯等の優遇措置あり）。

＊2 所得税から控除しきれない場合、住民税からも一部控除される。

住宅ローン控除の主な適用条件

☐ 返済期間が10年以上。

☐ 自分が住む住宅の新築・購入または増改築。

☐ 住宅の床面積が50㎡以上で、その1/2以上が居住用。

☐ 住宅の取得から6か月以内に入居して、適用を受ける年の年末まで住み続けている。

☐ その年の所得が2000万円以下。

☐ 入居した年とその前2年・後3年に、3000万円の特別控除や買い換え特例などの特例を受けていない（令和2年3月以前の売却は入居した年とその前後2年ずつ）。

☐ 昭和57年以降に建築された住宅である。
注・昭和56年以前に建築された住宅は新耐震基準に適合する証明が必要。

☐ 増改築は、工事が一定要件を満たし、費用が100万円を超えていること。

注・その年の所得が1000万円以下で令和6年までに建築確認を受けた新築住宅は、床面積40㎡から適用を受けられる。

最大控除額が戻るとは限らない

住宅ローン控除でどれくらいの金額が戻ってくるか、ざっくり計算してみましょう。納めた税金以上は戻らないことに注意します。

1 控除可能額を計算する

返済予定表から、最初の13年間または10年間の年末ローン残高を確認、それぞれ0.7%を掛ける。算出した金額を右ページ表のB欄に記入する。

返済予定表

返済回数	返済予定日			返済金額	内訳		返済後残高
					元金	利息	
1	2024	1	30	112,914	79,581	33,333	39,920,419
2	2024	2	28	112,914	79,647	33,267	39,840,772
3	2024	3	30	112,914	79,714	33,200	39,761,058
4	2024	4	30	112,914	79,780	33,134	39,681,278
5	2024	5	30	112,914	79,847	33,067	39,601,431
6	2024	6	30	112,914	79,913	33,001	39,521,518
7	2024	7	30	112,914	79,980	32,934	39,441,538
8	2024	8	30	112,914	80,047	32,867	39,361,491
9	2024	9	30	112,914	80,113	32,801	39,281,378
10	2024	10	30	112,914	80,180	32,734	39,201,198
11	2024	11	30	112,914	80,247	32,667	39,120,951
12	2024	12	30	112,914	80,314	32,600	39,040,637
13	2025	1	30	112,914	80,381	32,533	38,960,256
14	2025	2	28	112,914	80,448	32,466	38,879,808
15	2025	3	30	112,914	80,515	32,399	38,799,293
16	2025	4	30	112,914	80,582	32,332	38,718,711
17	2025	5	30	112,914	80,649	32,265	38,638,062
					80,716	32,198	38,557,346

返済予定表はローンを組む金融機関からもらえる。金融広報中央委員会のホームページ「知るぽると」の借入金額シミュレーションなどで試算もできる。

各年の最後のローン残高で計算する。

2 所得税額を確認する

会社から受け取る源泉徴収票で、1年間に納めた所得税額を確認（「源泉徴収税額」欄の金額）、右ページ表のC欄に記入する。

注意！
実際の所得税額は、給与金額や控除内容により毎年変わる。

3 下表で控除額を計算する

A欄、B欄、C欄の金額のうち、最も低い金額をD欄に記入する。

注意！
所得税額から控除しきれない場合、住民税からも一定の控除を受けられるが、ここでは簡略化のため考慮しない。

年数	A 最大控除額	B 控除可能額	C 所得税額	D 実際の控除額
1 年目				
2 年目				
3 年目				
4 年目				
5 年目				
6 年目				
7 年目				
8 年目				
9 年目				
10 年目				
11 年目				
12 年目				
13 年目				

最大控除額は、認定住宅→年31.5万円、ZEH水準省エネ住宅→年24.5万円、省エネ基準適合住宅→年21万円（いずれも中古住宅なら年21万円）、それ以外の住宅（新築、中古とも）→年14万円*（令和6～7年入居の場合）

＊新築住宅は、令和5年までに建築確認を受けている場合。

13年間または10年間の控除額合計

円

会社員は最初の年だけ確定申告する

住宅ローン控除は、原則として毎年の確定申告により受けられる。
会社員は2年目から確定申告不要（年末調整で適用される）。

　住宅ローン控除を受けるためには確定申告が必要です。確定申告とは、その年の所得を確定申告書にまとめて、翌年の2月16日から3月15日（土日の関係で年により変動）までに申告・納税することです。確定申告書は第一表と第二表が基本のセットになっています。第二表で所得や所得控除の内訳などをまとめ、第一表で税額や還付金額などを計算します。

申告書にはいくつかの種類がある

　住宅ローン控除を受けるには、確定申告書に加えて住宅借入金等特別控除額の計算明細書を使います。申告書に添えて提出する書類にも注意します。

　申告書や計算明細書は税務署などでもらえるほか、国税庁のホームページからダウンロードや印刷ができます。国税庁ホームページ「確定申告書等作成コーナー」では、ネット上の入力で確定申告書を作成できます。また、e-Tax による申告や納付も可能です（→ 52 ページ）。

　会社員であれば、2年目以降は会社に住宅ローンの年末残高証明書を提出することで年末調整により控除されるため、確定申告は不要になります。

確定申告時の主な必要書類（原則）

☐ 売買契約書や請負契約書の
　　コピー
　　（2年目以降は提出不要）

☐ 建物・土地の登記事項証明書
　　（2年目以降は提出不要）

☐ 住宅ローンの年末残高証明書

☐ 確定申告書第一表、第二表

☐ 住宅借入金等特別控除額の計
　　算明細書

注・その他、新築住宅なら省エネ基準以上適合の証明書など。また、借入金融機関に住宅ローン控除適用の申請書
　を提出すれば、初年度の確定申告の際、売買契約書や請負契約書のコピー、年末残高証明書の添付を省略できる。
　2年目以降の年末調整で年末残高証明書の提出も不要。

住宅ローン控除の確定申告書　記入の流れとポイント①

住宅借入金等特別控除額の計算明細書

適用を受ける住宅ローン控除の内容を記入する。

一面

1 新築・購入した住宅について記入する。
・売買契約書や登記事項証明書から転記する。

2 住宅ローンの年末残高を記入する。
・金融機関からの年末残高証明などから転記する。

4 二面から住宅ローン控除額などを転記する。

二面

3 該当する欄で住宅ローン控除の額を計算・記入する。

住宅ローン控除の確定申告書　記入の流れとポイント②

確定申告書第二表

所得や所得控除などの内訳を記入する。

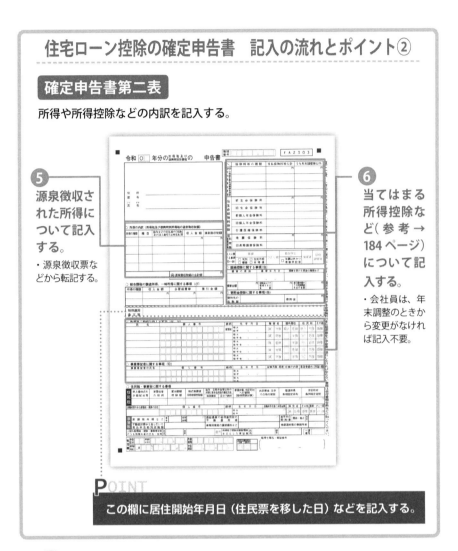

5 源泉徴収された所得について記入する。
・源泉徴収票などから転記する。

6 当てはまる所得控除など（参考→184ページ）について記入する。
・会社員は、年末調整のときから変更がなければ記入不要。

POINT

この欄に居住開始年月日（住民票を移した日）などを記入する。

ひとくち COLUMN　所得税計算のキーワードは「収入」「所得」「所得控除」

　所得税は、実際に手に入れたお金（「収入」）から必要経費を差し引いた「所得」にかかります。必要経費のない会社員は給与所得控除（→183ページ）、年金受給者は公的年金等控除（→183ページ）を代わりに差し引きます。この所得金額から、さらに申告者の条件に応じた所得控除（→184ページ）を差し引いて税額を計算します（その他、税額控除あり）。この計算を申告書で順を追って行うわけです。

住宅ローン控除の確定申告書　記入の流れとポイント③

確定申告書第一表

1年間の収入・所得や所得控除などを記入して、還付される金額などを計算する。

9

所得税額を計算・記入する。

・所得合計－所得控除合計（課税所得金額）を182ページの速算表に当てはめる。

7

1年間の収入金額と所得金額を記入する。

・会社員は第二表から転記する。

8

当てはまる所得控除を記入する。

・第二表からの転記など。会社員は年末調整のときから変更がなければ、合計額の記入でよい。

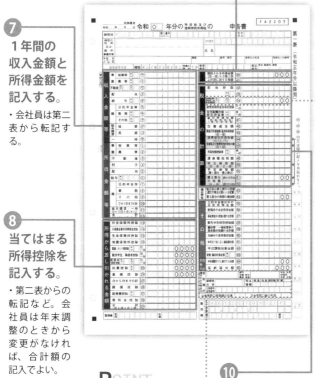

POINT

計算明細書から住宅ローン控除額を記入する。

POINT

還付金がある場合は振込口座などを記入する。

10

還付金額などを計算・記入する。

・復興特別所得税の計算を忘れない。
・源泉徴収税額との差額が還付される。
・自営業者などは住宅ローン控除額の分、納める税金が少なくなる。

マイホーム購入で欠かせない
住宅ローンの知識

金利は「高い／低い」だけでは決められない

　不動産の購入には大きな資金が必要になるため、住宅ローンを利用することが一般的です。

　住宅ローンには金利（利息）がつきます。返済するのは、借りた金額（元金）に金利を上乗せした金額です。金利は単に低いかどうかではなく、金利のタイプや返済方法による違いがあります。

　金利のタイプには、大きく固定金利と変動金利があります。固定金利は返

住宅ローンの検討ポイント①　固定金利と変動金利

固定金利　適用金利がずっと変わらない。

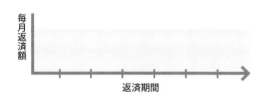

- 返済額が決まっているので返済計画を立てやすい。
- 返済額は経済情勢などの影響を受けない。
- 一定期間のみの固定金利というタイプもある。

変動金利　返済期間中に適用金利が変わる。

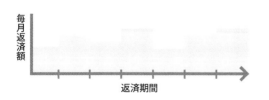

- 固定金利より低めの金利となる。
- 経済情勢などの影響で返済額が上下する。
- 毎月返済額の変更は5年に1回など。

済期間中に適用金利が変わらないタイプ、変動金利は経済情勢により適用金利が上下するタイプです。通常、変動金利のほうが低い金利ですが、将来の金利変動を考えておく必要があります。固定金利には、当初10年間など適用期間が決まっているタイプもあります。

　また、返済期間は長いほうが毎月の返済額を抑えられますが、短くするほど金利負担を小さくでき総返済額は少なくなります。

借りられる金額は金融機関によっても違う

　住宅ローンは、銀行のほか公的融資（フラット35）などもあります。複数の金融機関のローンをくらべて、有利なものを選びます。

　ただし、希望する金額を借りられるとは限りません。金融機関により「1年間の返済額が年収の○％以内」といった限度額も設けられています。残りは自己資金が必要です（頭金）。こうしたポイントからも、購入できる物件の金額の範囲が決まってきます。

住宅ローンの検討ポイント②　長期返済と短期返済

長期返済　返済期間を長くして、毎月返済額を少なくする。

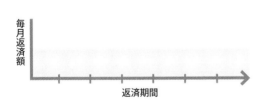

● 返済期間が長くなるほど
総返済額は多くなる。

● 最長返済期間は通常35年。

● リタイア後の返済に注意が必要。

短期返済　毎月返済額を多くして、早期の完済をめざす。

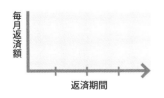

● 返済期間が短いほど総返済額は
少なくすむ。

● 毎月の返済負担が大きくなる。

● 毎月返済額の限度額基準により、
借りられる額は少なくなる。

省エネ性能の高いマイホームなら補助金をもらえる

まとめ 住宅取得などで「子育てエコホーム支援事業」を利用すれば、最大100万円の補助金をもらえる。条件や申請期限をよく確認する。

住宅の省エネ化を支援する

家庭の省エネ化を支援するため、省エネ性能の高い新築住宅の取得などに補助金制度(子育てエコホーム支援事業)が設けられています。2023年の「こどもエコすまい支援事業」を引き継いだ制度です。

この制度を利用すると、子育て世帯や若者夫婦世帯が、長期優良住宅やZEH住宅（高い省エネ性能を持つ住宅）を新築・購入する場合、最大で100万円の補助金を受けられます。子育て世帯・若者夫婦世帯の条件は、右ページ図の注を確認してください。

リフォームでも活用できる

子育てエコホーム支援事業には、一定の省エネリフォームについても補助があります。こちらはすべての世帯が対象で最大30万円、さらに子育て世帯・若者夫婦世帯なら最大60万円となっています。

利用には事業者を通して申請が必要です。予算に上限があるため、早めの申請を心がけましょう。

また、省エネリフォームに対する補助金として、国土交通省、経済産業省、環境省の連携による「住宅省エネ2024キャンペーン」も利用できます（右ページ）。

その他、マイホームの取得や増改築で省エネ性能の高い住宅を選ぶことで、住宅ローン控除の借入限度額が有利になる場合があります（→10ページ）。

税金メモ **建築物省エネ法** この法律の改正により、令和7年4月以降のすべての新築住宅は、省エネ基準(断熱等級4)への適合が義務化される。住宅の省エネ化は時代の流れとなっている。

子育てエコホーム支援事業の内容をチェック

子育て世帯・若者夫婦世帯の新築、購入

（床面積 50㎡以上 240㎡以下）

長期優良住宅 ➡ 1戸につき **100 万円**

ZEH 住宅 ➡ 1戸につき **80 万円**

注・子育て世帯とは、令和5年4月1日時点で18歳未満の子がいる世帯。
若者夫婦世帯は令和5年4月1日時点でいずれかが39歳以下の世帯
（令和6年3月までに工事着手する場合は令和4年4月1日時点）。

長期優良住宅とは
品質や省エネ性能が高く、長期に良好な状態で住むことができる住宅。

ZEH 住宅とは
省エネ性能を高めることで、住宅で使うエネルギーを太陽光発電などでまかなえる住宅。

リフォーム（住宅の省エネ改修など）

子育て世帯・若者夫婦世帯 ➡ 最大 **30 万円** * （**45 万円**）

*中古住宅購入にともなうリフォームなら最大60万円。

その他の世帯 ➡ 最大 **20 万円**（**30 万円**）

注・（　）内の金額は長期優良リフォームの場合。

対象となる工事 令和5年11月2日以降に着手された工事 *
*新築は基礎工事より後の工程、リフォームはリフォーム工事。

申請の受付期間 令和6年3月中下旬～予算の上限に達するまで
（遅くとも令和6年末）

住宅省エネ 2024 キャンペーン

省エネリフォームでは、上記のほか、高性能な断熱窓改修への補助金（先進的窓リノベ2024事業・最大200万円）、高効率な給湯器設置への補助金（給湯省エネ2024事業・設備により10万円、18万円など）も利用できる。

子育てエコホーム支援事業ホームページ→ https://kosodate-ecohome.mlit.go.jp/
住宅省エネ2024キャンペーンホームページ→ https://jutaku-shoene2024.mlit.go.jp/

購入資金やローン負担について記入する重要書類

税務署が不動産取引の資金の出所などを確認する書類。
期限を守ってすみやかに返送することが大切。

入居後送られてくる税務署からの書類

住宅に入居後数か月すると、税務署から「お買いになった資産の買入価額などについてのお尋ね」（以下、お尋ね）という書類が送られてくることがあります。取得した不動産について、不動産取引の内容や資金の出所などに不自然なところはないか、過去の申告状況などと合わせて税務署が確認するための書類です。

登記簿謄本や売買契約書などを見ながら正確に記入して、記載されている期限までにすみやかに返送します。返送せずに放置したり、適当な内容で返送したりすると、税務調査の対象にもなりかねません。

「税金」は事前に正しく対処しておく

注意したいのは資金の出所です。自己資金なのか、住宅ローンなのか、資金援助は受けているか、それぞれいくらなのかなどをくわしく記入します。

一定以上の資金援助を受けていれば、共有名義にしたり贈与税の申告などをしておきます。ほかの資産を売却して得た資金であれば、譲渡所得の申告が必要です。こうした税務申告がしっかり行われていないと、あらためて税金を課せられます。

また、お尋ねが届いたときにあわてないよう、関係書類はきちんと整理・保管しておきます。資金については、入出金の日付や金額、相手などをメモや一覧表にまとめておいてもよいでしょう。

税金メモ **お尋ねのもう1つの目的** このお尋ねの内容は、不動産を取得した人だけではなく、売り主や施工業者、仲介業者などが正しい税務申告を行っているかどうかの資料にもなる。

「お尋ね」の記入ポイント

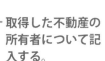

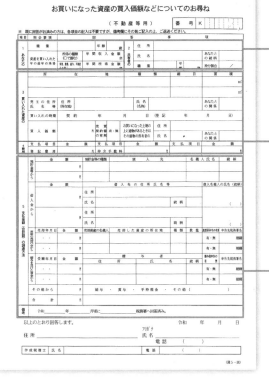

取得した不動産の所有者について記入する。

共有者がいる場合、持ち分割合を正しく書く。

取得した不動産について記入する。

売買契約書などを見ながら正確に書く。買入価額は消費税込みの金額。

支払った金額について、その調達方法などを記入する。

買入価額と費用の合計が、調達した資金の合計と一致すること。

税務署が注目するポイント

1 共有名義の場合、資金負担割合と持ち分割合は適切か。

2 自己資金は過去の申告や収入から見て妥当か。

3 借入金や住宅ローンは収入に見合っているか。

4 ほかの資産を売って資金としている場合、譲渡所得の申告が正しく行われているか。

5 資金援助では、贈与税の申告が正しく行われているか。

共有名義には
正しい配分方法がある

夫婦や親子で権利を共有する

　1つの不動産を複数の人が所有することを共有といい、共有により所有権の登記をすることを共有名義といいます。住宅の新築・購入で、頭金や住宅ローンを夫婦それぞれが負担した場合、いずれかの親などから資金援助を受けた場合などに行います。

　原則として負担した資金の額に応じて、所有権の割合を分けます。これを持ち分割合といいます。住宅ローンの返済を共同で行う場合も、その負担分

持ち分割合の計算

ローン負担割合も含む。

$$持ち分割合 = \frac{その人の出した資金}{不動産の取得金額}$$

（購入代金や建築費など）

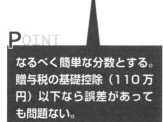

POINT
なるべく簡単な分数とする。贈与税の基礎控除（110万円）以下なら誤差があっても問題ない。

消費税込みの金額。諸費用の多くも含められる（引っ越し代や家具購入費など間接的なものは除く）。

に応じた持ち分割合とします。

　複数の人が購入資金を出しているのに、1人の人の単独名義になっていたり、持ち分割合が実際の資金負担と異なっていると、その資金は贈与とみなされて贈与税がかかる場合があります。そのため、持ち分割合はその負担に応じて、正しく決めることが大切です。

メリットとデメリットがある

　共有名義にすることで、贈与税の負担を避けられるのが大きなメリットです。また、住宅ローン控除や3000万円の特別控除など、個人単位で適用される税金の特例を、共有者それぞれが受けられる場合もあります。

　ただし、複数の人がその不動産に対して権利を持つことになるため、売却や相続などで紛争となる恐れがあります。共有名義を考えるときは、資金計画の時点でメリット・デメリットを十分検討しておきます。

負担に合わせて
権利を分けるのね。

共有のメリットとデメリット

メリット	デメリット
○ 資金援助などが贈与とならないため、贈与税がかからずにすむ。	✕ その不動産を売却する場合、共有する人全員の同意が必要になる。
○ ローンを分担して連帯債務とした場合、共有する人も住宅ローン控除を受けられる。	✕ 夫婦同士の共有では、離婚のとき所有権やローン負担の扱いで紛争になることがある。
○ 売却の際は、共有する人も3000万円特別控除（→ 78ページ）を受けられる。	✕ 共有していた人が亡くなると、相続でその権利が第三者に移ることがある。

建物にはかかるが
土地にはかからない

まとめ 不動産の売買では、原則として建物に消費税がかかることになる。特に不動産購入では大きな金額となるため見逃せない。

個人から買う中古住宅にはかからない

マイホームなど住宅を購入するときには、消費税にも注意します。消費税とは、国内で行われる販売やサービスなどの取引にかかる税金です。

不動産取引では、一戸建て、マンションにかかわらず、原則として建物には消費税がかかり、土地にはかかりません。土地は「消費されるものではない」と考えられるためです。

また、個人の売り主から中古住宅を購入する場合は、建物にも消費税はかかりません。個人間の売買は消費税の対象外であるためです。

ただし、居住用でなく事業用や賃貸用の不動産であれば、その建物が課税対象となります。

その他、不動産購入時の諸費用も、消費税がかかるものとかからないものがあるので注意します（→右ページ）。

税率アップで負担は大きくなった

令和元年10月に、消費税の税率は8％から10％に引き上げられ、不動産購入時の負担は以前より重くなっています。

住宅ローン控除（→32ページ）、住宅取得等資金贈与の非課税特例（→132ページ）などの税金の軽減措置や、子育てエコホーム支援事業（→42ページ）といった補助金などは、そのしくみや期限などを調べて、しっかり活用することで負担をやわらげましょう。

> **税金メモ** **消費税総額表示** 令和3年4月から消費者に対する価格表示では、消費税を含めた総額表示が義務づけられた。見積書や契約書、請求書などは対象外。

不動産取引で消費税がかかるもの／かからないもの

消費税がかかる

- ☐ 建物の購入代金
  （個人からの購入はかからない）
- ☐ 建物のリフォーム代金
- ☐ 仲介手数料
- ☐ 登記時の司法書士への報酬
- ☐ 住宅ローンの事務手数料
- ☐ 引っ越し代、家具購入費用

消費税がかからない

- ☐ 土地の購入代金
- ☐ 印紙税、登録免許税
- ☐ 住宅ローンの金利
- ☐ 団体信用生命保険料、
  火災保険料、地震保険料
- ☐ ローン保証料
- ☐ 不動産取得税、固定資産税

不動産購入の消費税課税／対象外チャート

不動産の購入相手が個人である → YES → 購入する不動産は事業用、賃貸用でない → YES → 対象外

不動産の購入相手が個人である → NO → 課税

購入する不動産は事業用、賃貸用でない → NO → 課税

ひとくち COLUMN 消費税額から建物・土地の金額がわかる

　契約書などに総額のみで、建物・土地それぞれの金額がないことがあります。このとき契約書に消費税額の記載があれば、消費税は建物だけにかかるため、次の計算式により建物の金額を求められます。

消費税額÷消費税の税率（その時点の税率）

総額からこの金額を差し引くことで、土地の金額もわかります。

買ったときの税金
Q & A

Q1

印紙税を納めるときの消印とは何ですか？

　印紙税の納付で使われる印紙は、たとえば契約書なら左上などに貼ります。このとき、印紙の再利用を防ぐため、印紙と書類の境目に押印（または署名）します。これを消印といいます。消印することで印紙税の納付が完了します。

　消印をしていなかった場合、消印すべき印紙の額面相当の過怠税を納めることになります。

消印のポイント

文書と印紙の両方にしっかりかかっていること。
契約を結ぶ双方が消印することもあるが、どちらか一方の消印でもかまわない。

Q2

登記の際に支払う司法書士への報酬はいくらぐらいですか？

　登記手続きを依頼した司法書士に支払う報酬額に決まりはなく、司法書士によって異なります。めやすとして、所有権保存登記で2万〜3万円、売買による所有権移転登記や抵当権設定登記なら5万円前後です。ローンを組んで新築住宅を買う場合なら、合計でおおむね10万〜15万円程度必要ということになります。

Q3

「認定住宅」とはどんな住宅ですか❓

　認定住宅とは、良質な住宅普及のために国土交通省が定めている、一定基準をクリアした質の高い住宅です。住宅ローン控除をはじめ、さまざまな税金の軽減措置がさらに有利になります。耐震性、バリアフリー性など総合的な性能の高さを求められる認定長期優良住宅（以下、長期優良住宅）と、省エネルギー性に特化した認定低炭素住宅（以下、低炭素住宅）の2つがあります。

　認定住宅と認められるには、住宅の工事を始める前に申請をして、図面などの事前審査や工事の確認を受ける必要があります。

認定住宅で適用される主な税金の特例措置

住宅ローン控除の控除額の上限
（→ 32 ページ）

一般の住宅	年 14 万円
認定住宅	**年 31.5 万円**

不動産取得税の控除額
（→ 28 ページ）

一般の住宅	1200 万円
長期優良住宅	**1300 万円**

登録免許税の軽減税率
（→ 24 ページ）

一般の住宅	所有権保存登記 0.15%、所有権移転登記 0.3%
認定住宅	**所有権保存登記 0.1%、所有権移転登記 0.1%（一戸建ての長期優良住宅の移転登記は 0.2%）**

固定資産税の新築住宅の税額軽減（→ 56 ページ）

一般の住宅	一戸建て 3 年間、マンション等 5 年間
長期優良住宅	**一戸建て 5 年間、マンション等 7 年間**

Q4

住宅ローン控除の申告を忘れたらどうなりますか❓

　会社員が初年度の申告を忘れた場合、5 年以内なら確定申告により適用を受けられます。2 年目からの年末調整時に会社への必要書類を出し忘れた場合は、翌 1 月までなら会社に必要書類を再提出することで、適用を受けられ

る場合があります。それ以降なら自分で確定申告を行います。

　個人事業主などが確定申告の際、住宅ローン控除に関する申告内容をもらしていたという場合は、通常その年の適用は受けられません。翌年以降は申告により適用を受けられます。

Q5 中古住宅購入の税金は新築とどう違いますか？

　一般に中古住宅は新築住宅より安く取得できますが、新築なら使える税金の特例が中古住宅では使えないことがあります。たとえば、固定資産税の3年または5年の税額軽減は、中古住宅には適用されません。不動産取得税の軽減措置は、築年数が経っている物件ほど控除額が少なくなります。ただし、登録免許税の軽減税率や住宅ローン控除は、新耐震基準を満たしていれば築年数に条件はありません。

　不動産会社に仲介してもらう場合の仲介手数料、リフォームやリノベーションを行うなら、その費用も見逃せません。補助金などを利用できないか調べてみましょう。なお、中古住宅を個人から買う場合は、消費税がかからないというメリットもあります。

Q6 確定申告はインターネットでもできますか？

　所得税の確定申告や贈与税、消費税、相続税の申告などは、国税庁のe-Tax（イータックス）を利用すれば、パソコン上で申告書を作成、申告ができます＊。このとき、ダイレクト納付（口座からの振替）やネットバンキングを利用すればネット上で納付もできます。

　e-Taxを始めるには、セキュリティ確保のための手続きなどが必要です。手続きはマイナンバーカードを使うことで簡便化できます。くわしくは国税庁の専用サイトへ（https://www.e-tax.nta.go.jp/）。

＊ケースにより利用できない場合あり。

第2章

不動産を持っているときの税金

不動産を持っていると毎年税金がかかる

建物・土地の所有には固定資産税がかかる。加えて都市計画税がかかる場合もある。納付は市区町村からの納付通知書で行う。

固定資産税は市区町村に納める

固定資産税とは、不動産を持っているときに市区町村（東京23区は都。以下同）から課税される税金です。対象となるのは、その年の1月1日時点の所有者（市区町村の固定資産課税台帳に登録されている人）で、その不動産を持っている間、毎年納めることになります。

税額は、固定資産税評価額に一定の税率（標準の税率は1.4%。市区町村により多少異なる場合あり）を掛けたものです。固定資産税評価額とは、市区町村が算定したその土地と建物の評価額です。固定資産課税台帳に登録されており、3年に一度見直されます（評価替え）。建物は年月とともに老朽化して価値が下がるため、建物の固定資産税は次第に少なくなっていきます。

都市計画税を納める場合もある

所有している不動産が都市計画法で指定された市街化区域内にある場合、さらに都市計画税がかかります。固定資産税同様、1月1日時点の所有者に市区町村から課税されます。税率は固定資産税評価額の最大0.3%です（市区町村により多少異なる）。

固定資産税と都市計画税は、市区町村から毎年5月ごろ送られてくる納税通知書により、年4回に分けて納めます（一括納付もできる）。

不動産の取得・購入後は、毎月のローン返済以外にもこうした費用が必要になることを知っておきましょう。

税金メモ　**固定資産税は不動産以外にもかかる**　建物や土地のほか、事業などに使われる一定額以上で一定期間以上使用する構築物、機械などにも固定資産税がかかる（償却資産）。

固定資産税・都市計画税とはこんな税金

固定資産税の税率

建物、土地
それぞれについて
固定資産税評価額[*1]
× 1.4%[*2]

*1　土地の場合は一定の負担調整が行われる。
*2　標準の税率。市区町村により多少異なる。

都市計画税の税率

市街化区域内のみ課税

建物、土地
それぞれについて
固定資産税評価額[*3]
× 0.3%[*4]

*3　土地の場合は一定の負担調整が行われる。
*4　上限の税率（制限税率）。市区町村により多少異なる。

どちらも、所有している間は毎年納める。
固定資産税評価額は3年に一度評価替えが行われ、金額が変わる。

POINT
建物の固定資産税は次第に少なくなっていく（新築時の価値が最も高く、老朽化とともに価値が下がるため）。

ひとくち COLUMN　年の途中で取得したときは固定資産税額を精算する

　固定資産税はその年の1月1日時点の所有者に課税されるため、年の途中に中古住宅などが売買された場合、その年の固定資産税は売り主が負担します。しかし、買い主が取得日以降の税額分を売り主に支払うことで、税金の負担を両者で按分することが一般的です。これを固定資産税の精算といいます。買い主は諸費用の1つとして、資金計画に盛り込んでおく必要があります。

新築住宅なら3〜5年間 税額が半分になる

固定資産税の軽減措置は特別な手続き不要で適用されるが、
事前にその条件などは把握しておく。

床面積の条件を確認する

　固定資産税と都市計画税には、いくつかの軽減措置が設けられています。まず新築住宅であれば、3年または5年の期間限定で床面積120㎡までの部分の税額が1/2になります。新築住宅は当初の固定資産税負担が大きいため、それに対する配慮です。

　住宅のある土地（住宅用地）については、固定資産税の計算で固定資産税評価額が200㎡まで1/6、200㎡超の部分は1/3に軽減されます。都市計画税の場合は200㎡まで1/3、200㎡超は2/3となります。この200㎡までの土地を「小規模住宅用地」といいます。住宅用地は、更地などにくらべて固定資産税が優遇されるのです*。

　建て替えなどで、1月1日時点に住宅がない場合でも、一定条件を満たせば住宅用地として認められます。店舗などとの併用住宅の場合は、居住部分の割合によって減額割合が変わることになります。

手続きなどは特に不要

　これらの軽減措置は、自分が住む住宅だけでなく貸家なども対象となります。適用の判断や計算は市区町村が行うため、特に申請などは不要です。市区町村により、独自の軽減措置が設けられている場合もあります。

　また、耐震、バリアフリー、省エネなどのリフォームを行うと、その内容により翌年の固定資産税額が減額されます（→62ページ）。

税金メモ　**固定資産税の免税点**　その人が持つ不動産の固定資産税評価額の合計が、土地30万円未満、建物20万円未満なら固定資産税はかからない。

*一定の空き家はこの軽減措置を受けられなくなる場合あり（→68ページ）。

固定資産税の軽減措置

【新築住宅】 120㎡以下の部分

新築後3年間、税額が1/2になる（3階建て以上のマンションなど耐火・準耐火構造住宅は5年間）。

OINT

長期優良住宅なら、3年間→5年間、5年間→7年間となる。

$$固定資産税評価額 × 1.4\% × \frac{1}{2}$$

適用条件

☐ 床面積*が50㎡以上280㎡以下。

☐ 店舗併用住宅は居住用部分が1/2以上。

*マンションなどの場合、専有部分の面積＋持ち分で按分した共有部分の面積。賃貸アパート・マンションは40㎡以上280㎡以下。

住宅用地

200㎡以下の部分（小規模住宅用地）

【固定資産税】 固定資産税評価額が1/6になる。

$$固定資産税評価額 × \frac{1}{6} × 1.4\%$$

【都市計画税】 固定資産税評価額が1/3になる。

$$固定資産税評価額 × \frac{1}{3} × 0.3\%$$

200㎡超の部分（一般住宅用地）

【固定資産税】 固定資産税評価額が1/3になる。

$$固定資産税評価額 × \frac{1}{3} × 1.4\%$$

【都市計画税】 固定資産税評価額が2/3になる。

$$固定資産税評価額 × \frac{2}{3} × 0.3\%$$

注・200㎡は1戸当たり。マンションなどの場合は200㎡×戸数が小規模住宅用地となる。また、税率は市区町村により多少異なる場合がある。

土地には
何種類もの価格がある

一物四価、一物五価といわれる

　土地には、同じ土地であっても複数の価格がついています。その目的ごとに異なる主体（国や自治体など）が、土地の評価・価格設定をするためです。こうしたことから、土地の価格は一物四価、一物五価などといわれます。代

主な土地の価格

時価（実勢価格）

実際に市場で取引されている相場価格。個別の取引によっても変わる。国土交通省の「不動産情報ライブラリ」(https://www.reinfolib.mlit.go.jp/) などで調べられる。

公示地価・基準地価

公示地価は、国土交通省による全国の一定の場所（標準地）の毎年1月1日時点の価格。3月に発表され、土地売買の指標となる。基準地価は、各都道府県に評価された毎年7月1日時点の価格。この2つの評価基準はほぼ同じ。

価格のイメージ

――― おおよそ似た ―――
金額になる。

表的なものに、時価（実勢価格）、公示地価・基準地価、路線価、固定資産税評価額があります。

それぞれの価格同士の関係をつかむ

　時価は、実際に行われる不動産取引のケースにより上下しますが、基本的には公示地価や基準地価が適正な取引価格とされるため、それぞれ近い金額になると考えられます。相続や贈与時に使われる路線価は公示地価の80％程度、固定資産税の計算で使われる固定資産税評価額は公示地価の70％程度とされます。

　こうした価格同士の関係を押さえておくと、いずれかの価格がわかれば、ほかのおおよその価格を計算することもできます。

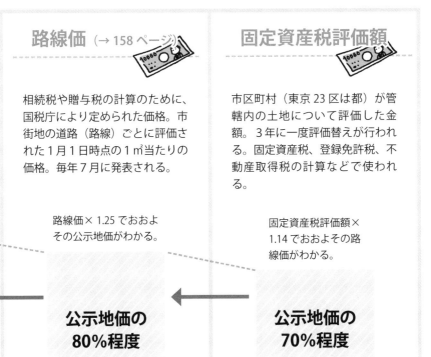

路線価（→ 158 ページ）

相続税や贈与税の計算のために、国税庁により定められた価格。市街地の道路（路線）ごとに評価された1月1日時点の1㎡当たりの価格。毎年7月に発表される。

路線価× 1.25 でおおよその公示地価がわかる。

公示地価の 80％程度

固定資産税評価額

市区町村（東京23区は都）が管轄内の土地について評価した金額。3年に一度評価替えが行われる。固定資産税、登録免許税、不動産取得税の計算などで使われる。

固定資産税評価額× 1.14 でおおよその路線価がわかる。

公示地価の 70％程度

固定資産課税台帳を見るには手続きが必要

縦覧制度と閲覧制度がある

　固定資産税評価額は、公示地価や路線価のように誰でも見られるわけではありません。所有している不動産の固定資産税評価額を確認するには、毎年送られてくる納税通知書に同封された課税証明書を見るほか、市区町村役場

固定資産課税台帳の縦覧制度

自分および同じ市区町村内の人の建物・土地の固定資産税評価額を確認できる（土地価格等縦覧帳簿、家屋価格等縦覧帳簿）。

期間	4月1日〜 最初の納付期限の日
対象者	その市区町村内に 不動産を持っている人 またはその代理人
手数料	無料

縦覧・閲覧の主な必要書類

☐ 本人確認ができる書類
（マイナンバーカード、
運転免許証など）。

☐ 代理人の場合は委任状。

☐ 借家人・借地人は
賃貸借契約書など（閲覧）。

で固定資産評価証明書の交付を受けます。

　また、市区町村役場にある固定資産課税台帳で直接確認することもできます。縦覧制度または閲覧制度という２つの方法があります。

　縦覧制度では、毎年４月１日から最初の納付期限日までの間（１〜２か月程度）、同じ市区町村内であれば、本人所有以外の建物・土地の固定資産税評価額も見られます。これにより、所有する不動産の固定資産税評価額が適正かどうか確認できます。ただし見ることができるのは、所有者の住所や氏名が省略された「縦覧帳簿」です。

　閲覧制度では、所有する建物・土地の固定資産情報を１年を通して見ることができます。閲覧制度のメリットは、その不動産を借りている借家人や借地人も見られることです。

固定資産課税台帳の閲覧制度

自分の建物・土地の固定資産税評価額などを確認できる。固定資産評価証明書の交付を受けられる。	

期間	随時 （役場の開庁時間）
対象者	その市区町村内に不動産を持っている人またはその代理人。借地・借家人も可
手数料	200 〜 400 円など

ひとくち
COLUMN
固定資産評価証明書は不動産の売却や相続・贈与で必要

　不動産の所有者本人または借家人・借地人の請求により、その不動産の評価額を証明する固定資産評価証明書の交付が受けられます。不動産の売却や相続・贈与の登記手続き（所有権移転登記の登録免許税の算定）、相続税・贈与税の申告をするとき（土地や建物の評価）などで必要になります。取得には、マイナンバーカードや運転免許証といった本人確認書類などが必要です。

一定のリフォームや増改築なら税金が有利になる

まとめ リフォームにはいろいろな税金の軽減措置がある。その種類や条件を知っておく。

住宅ローンの有無や期間で適用制度が変わる

　自分が住む住宅をリフォームする場合には、リフォームの内容によって税金の軽減措置を受けられます。基本的に、バリアフリーや省エネといった住宅性能を高める工事が対象です（令和6年は「子育て対応」あり）。

　かかった費用やローンの一部を所得税から差し引ける制度として、リフォームに対する特別控除や住宅ローン控除があります。どちらか有利なほうを選べます（耐震リフォームに対する特別控除と住宅ローン控除は併用もできる）。住宅ローン控除には、返済期間10年以上のローンであることなどの条件があります。

　同じ年に複数のリフォームを行った場合（耐震とバリアフリーなど）、原則として併用できます。

　中古住宅を買って、リフォームして住むというケースでも適用されます。

確定申告などの手続きが必要

　適用を受けるには、翌年3月15日まで*に確定申告が必要です。申告の際、増改築等工事証明書などその工事を証明する書類を添付します。

　その他、リフォームの内容により固定資産税の軽減措置があります（工事完了から3か月以内に市区町村に申告する）。さらに登録免許税、不動産取得税などの軽減措置も設けられています。どんな軽減措置があるのか調べておくとともに、工事内容などに条件があるため、事前にリフォーム業者などに相談します。

税金メモ **リフォームの支援制度** 住宅の性能を高めるリフォームには、税金の軽減措置だけではなく、補助金や公的融資を利用できる場合がある。こうした制度の活用も検討したい。

＊土日等の関係で年により変動する。

リフォームで受けられる主な税金の軽減措置

リフォームの
特別控除

（住宅耐震改修特別控除、
住宅特定改修
特別税額控除）

**標準的な工事費用の 10%*を
その年の所得税から差し引ける。**

＊対象工事の超過分や関連するその他の
　リフォームは控除率 5 %。

対象となるリフォーム

耐震、バリアフリー、省エネ、同居対応、
長期優良住宅化、子育て対応

住宅ローン
控除

（住宅借入金等特別控除
→ 32 ページ）

**リフォームや増改築の年末ローン残
高の 0.7%を、13 年間または 10 年
間所得税から差し引ける。**

対象となるリフォーム

一定の増改築や修繕・模様替え、一定の
耐震改修工事、バリアフリー改修工事、
省エネ改修工事など

固定資産税
の軽減

**工事を行った翌年の
固定資産税が減額される。**

対象となるリフォーム

耐震、バリアフリー、省エネ、長期優良
住宅化

注・いずれも期間限定の制度。特別控除は令和 7 年 12
　月の工事完了まで（子育て対応は令和 6 年 12 月まで）。
　固定資産税の軽減は令和 8 年 3 月の工事完了まで。対
　象となる工事の条件などは、軽減措置の種類により異
　なる場合がある。

こんなリフォームでこんな軽減を受けられる①

耐震リフォーム
現在の耐震基準を満たすための改修工事を行う。

併用できる

住宅耐震改修特別控除
・控除限度額は 25 万円。

住宅ローン控除
・対象工事費が 100 万円超であること。

固定資産税の軽減
・税額の1/2を減額（床面積 120m² まで）。
・対象工事費が50万円超であること。

バリアフリーリフォーム
高齢者などが安全に暮らせるよう、階段や廊下・浴室などの手すりの取りつけ、段差の解消などを行う。

どちらかを選ぶ

住宅特定改修特別税額控除
・控除限度額は 20 万円。
・対象工事費が 50 万円超であること。

住宅ローン控除
・対象工事費が 100 万円超であること。

固定資産税の軽減
・税額の1/3を減額（床面積 100m² まで）。
・対象工事費が50万円超であること。

省エネリフォーム
省エネ性能を高めるため、部屋の窓や床・壁などの断熱工事、太陽光発電設備の設置などを行う。

どちらかを選ぶ

住宅特定改修特別税額控除
・控除限度額は 25 万円（太陽光発電設備設置なら35万円）。
・対象工事費が 50 万円超であること。

住宅ローン控除
・対象工事費が 100 万円超であること。

固定資産税の軽減
・税額の1/3を減額（床面積 120m² まで）。
・対象工事費が50万円超であること。

こんなリフォームでこんな軽減を受けられる②

同居対応リフォーム

三世代同居のための玄関や台所、浴室・トイレの増設などを行う。

どちらかを選ぶ

住宅特定改修特別税額控除
- 控除限度額は25万円。
- 対象工事費が50万円超であること。

住宅ローン控除
- 対象工事費が100万円超であること。

長期優良住宅化リフォーム

省エネ性能や耐久性を向上させる工事により、長期優良住宅の認定を受ける。

どちらかを選ぶ

住宅特定改修特別税額控除
- 控除限度額は25万円（太陽光発電設備設置なら35万円）。
- 耐久性向上工事＋耐震工事＋省エネ工事なら50万円（太陽光発電設備設置なら60万円）。
- 対象工事費が50万円超であること。

住宅ローン控除
- 対象工事費が100万円超であること。

固定資産税の軽減
- 税額の2/3を減額（床面積120m^{2}まで）。
- 対象工事費が50万円超であること。

子育て対応リフォーム

子育て世帯・若者夫婦世帯*が、子育てに対応した住宅にするための工事を行う。

どちらかを選ぶ

住宅特定改修特別税額控除
- 控除限度額は25万円。
- 令和6年12月までの措置。

住宅ローン控除
- 対象工事費が100万円超であること。

＊19歳未満の子のいる世帯または夫婦のいずれかが39歳以下の世帯。

持っているときの税金 Q&A

Q1

転勤すると住宅ローン控除が受けられなくなるのですか❓

　住宅ローン控除の条件の1つに「その年の12月31日に引き続き居住していること」があります。つまり、転勤などでその住宅に住まなくなった場合、その年以降は住宅ローン控除を使えなくなるのです。単身赴任などで引き続き家族が居住していれば、そのまま適用されます。

　ただし、転勤前に税務署に届け出をしておけば、戻って再入居した場合に残った控除期間があれば、その年から再度適用を受けられます。

転勤と住宅ローン控除の適用関係

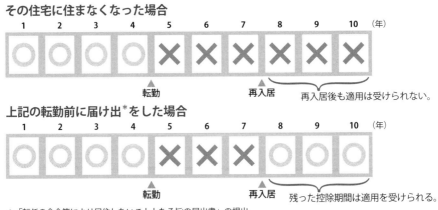

その住宅に住まなくなった場合

| 1 | 2 | 3 | 4 | 5 | 6 | 7 | 8 | 9 | 10 | (年) |

▲転勤　　　　　　▲再入居　　再入居後も適用は受けられない。

上記の転勤前に届け出*をした場合

| 1 | 2 | 3 | 4 | 5 | 6 | 7 | 8 | 9 | 10 | (年) |

▲転勤　　　　　　▲再入居　　残った控除期間は適用を受けられる。

*「転任の命令等により居住しないこととなる旨の届出書」の提出。
注・入居時期などによって控除期間は13年。

Q2

繰り上げ返済で、住宅ローン控除を使えなくなることがありますか ❓

　住宅ローン控除適用期間中、繰り上げ返済により「当初からの返済期間」が 10 年未満になると、その年以降住宅ローン控除の適用は受けられません。

　たとえば、当初返済期間 15 年のローンで借り入れから 5 年後に 3 年分の繰り上げ返済をした場合（残期間 10 年）、返済期間は 12 年（15 年ー 3 年）となり適用可です（10 年ー 3 年ではない）。

Q3

固定資産税はどのように納めますか ❓

　固定資産税（および都市計画税）は申告などが不要です。毎年 5 月ごろに、市区町村からその不動産の所有者（その年の 1 月 1 日時点）のところに納税通知書（納付書）が送られてきます。この納税通知書に記載された金額を、期日までに年 4 回または一括で納付します（割引などはない）。

　納付は、納付書により現金で各市区町村窓口、郵便局や金融機関の窓口、コンビニなどで納めるほか、口座振替やクレジットカードなどによる支払いもできます。期日を過ぎると延滞金が発生することになります。

固定資産税の納付方法（東京 23 区の例）

	窓口で直接納付	インターネットで納付			自動引き落とし
	郵便局や金融機関、都税事務所、コンビニなど	スマートフォン	クレジットカード	ペイジー*（インターネットバンキング）	口座振替
注意点・ポイント	納付できる金融機関などは決まっている。	決済アプリを利用。手数料はかからない。	納付の時間帯を選ばない。決済手数料がかかる。	ペイジー対応のATM からも納付できる。	納付忘れを防ぐことができる。

注・コンビニやスマートフォン、クレジットカードでは納付金額に上限あり。
＊税金や公共料金などの支払いをインターネットから行えるサービス。

Q4 タワーマンションの固定資産税は階によって違うのですか

マンションの固定資産税（および都市計画税）は、建物全体にかかる固定資産税を各住戸の床面積により按分していましたが、平成29年4月以降に売買契約を結んだ高さ60m²超のタワーマンション（中古を除く）では階層による補正が行われ、高層階の負担が多く、低層階の負担が少なくなっています。なお、不動産取得税の計算でも同様の補正が行われます。

Q5 リフォームで固定資産税が上がることがありますか

リフォームによって建物の価値が高くなると、固定資産税評価額が上がり、固定資産税が高くなる場合があります。具体的には「建築確認申請」を行うような大幅なリフォームなら、固定資産税も上がりがちです。

建築確認申請が必要になるリフォームとは、壁や柱など主要構造部を変更する、床面積を増やす、住居から事務所や店舗などに用途変更するといった場合などです。また、増築では不動産取得税がかかることもあります。

Q6 実家が空き家です。固定資産税が高くなるというのは本当ですか

その空き家が市区町村から「特定空き家」*1 または「管理不全空き家」*2 に指定され、改善の勧告を受けると、その翌年から固定資産税・都市計画税の住宅用地の軽減措置を受けられなくなり、毎年の税負担が大きくなります。これを避けるには、勧告にしたがって状態を改善するほか売却も検討します。不動産会社や市区町村などが運営する空き家バンク*3 に相談してみましょう。

*1 1年以上誰も住んでおらず管理がほとんどされていないため、安全面、衛生面、景観面などに著しい問題のある状態の家。　*2 1年以上誰も住んでおらず管理が不十分で、放置すれば特定空き家になる恐れのある家。
*3 空き家を売りたい人や貸したい人と、空き家を探している人のマッチングを行うしくみ。

第3章

不動産を売ったときの税金

不動産売却時の「利益」に 税金がかかる

不動産を売って得た利益を譲渡所得という（売却金額から必要経費を差し引いたもの）。譲渡所得には所得税と住民税がかかる。

譲渡所得を計算する必要がある

　所有する建物や土地などの不動産を売って得た「利益」を譲渡所得といい、税金（所得税と住民税）がかかります。譲渡所得は売却金額そのものではなく、売却金額から必要経費を差し引いた金額です。必要経費とは、その不動産を買ったときの代金とかかった費用（取得費）、および売却にかかった費用（譲渡費用）です。なお、この計算の結果がマイナスになる場合は税金がかかりません。

　土地の取得費については購入代金そのままですが、建物は所有期間に応じた減価償却費相当額（→ 102 ページ）を差し引きます。譲渡所得を計算するためには、売却によるお金の出入りを正確に整理・記録しておき、どの費用を加えてどの費用を差し引くのか、正しく知っておきます。

　なお、古くからの持ち家などで取得費がわからないといった場合は、取得費を売却金額の 5 ％として計算してもかまいません。

売却の翌年に確定申告する

　譲渡所得に対する税率は所有期間が 5 年を超えていれば 20 ％、5 年以下なら 39 ％となります（→ 72 ページ）。これに復興特別所得税が上乗せされます。この税額を、売却した翌年の確定申告により納めます。

　また、不動産の売却（特にマイホーム）には多くの特例が設けられており、適用を受ければ税金を軽くできます（→ 76 ページ）。

税金メモ　**譲渡所得**　建物や土地のほか、株式、ゴルフ会員権、書画・骨董などの所有資産を譲渡（売却など）して得た所得も譲渡所得となる。税額はそれぞれ別に計算する（一部総合課税）。

譲渡所得はこう計算する

収入金額（売却金額）

固定資産税の精算金を含む。

マイナス

必要経費

POINT
取得費がわからない
場合は、売却金額の
5％としてもよい。

取得費
その不動産の取得にかかった費用。

- 購入代金や建築代金（建物は減価償却費相当額を差し引く）
- 取得時に支払った仲介手数料
- 契約書の印紙税
- 登記費用（登録免許税、司法書士への報酬など）
- 不動産取得税
- 購入時に支払った立ち退き料（借り主がいた場合）
- 測量費、土地の造成費用　など

譲渡費用
売却の際にかかった費用。

- 売却時に支払った仲介手数料
- 契約書の印紙税
- 売却時に支払った立ち退き料（借り主がいた場合）
- 建物の取り壊し費用　など

譲渡所得

➡ この金額に所得税と
住民税がかかる。

譲渡所得の税金は、他の所
得とは別に計算することに
なります（→ 88 ページ）。

不動産の所有期間で税率が変わる

不動産の所有期間が5年以下なら短期譲渡所得、
5年超なら長期譲渡所得となり、税率が大きく異なる。

「5年」がボーダーライン

　不動産を売却したときの譲渡所得は、所有期間に応じて長期譲渡所得と短期譲渡所得に分けられます。

　売却した年の1月1日時点で所有期間が5年以下なら、短期譲渡所得となり税率は39%です。売却した年の1月1日時点で所有期間が5年を超えていれば、長期譲渡所得となり税率は20%です。この2つの区分は、転売目的による短期の不動産売買を抑えるために設けられたものです。

　たとえば所有期間が5年0か月と5年1か月なら、1か月の違いで税率は倍近くも異なることになります。さらに、マイホームの所有期間が10年超かどうかでも税率が変わります（→78ページ）。

所有期間の算定方法に注意

　所有期間とは、不動産を取得した日（取得日）から売却した日（売却日）までの期間です。ただし、取得日と売却日の判定にはルールがあるため注意が必要です。

　売却した日とは、原則として売り主が買い主に不動産を引き渡した日です。ただし、その年の1月1日時点で判定されます。つまり売却が同じ年の1月でも12月でも、1月1日に売却したものとなります。取得した日とは、原則として不動産の引き渡しを受けた日です。なお、いずれも売買契約日を選ぶこともできます。

税金メモ　**税額はこれだけ変わる（譲渡所得3000万円の場合）** 短期譲渡所得→3000万円×39%＝1170万円、長期譲渡所得→3000万円×20%＝600万円＊。税額の差は570万円。

＊復興特別所得税は省略。

譲渡所得の税率は5年を境に変わる

1年目	2年目	3年目	4年目	5年目

不動産の引き渡しを受けた日、または売買契約日。

不動産の引き渡しをした日か売買契約日のある1月1日。

○ 取得日 ─────── 所有期間 ─────────→ ○ 売却日

○ 取得日 ─────── 所有期間 ──────→ ○ 売却日

短期譲渡所得
▼
税率 39%
（所得税30%、住民税9%）

長期譲渡所得
▼
税率 20%
（所得税15%、住民税5%）

注・いずれも復興特別所得税が上乗せされ、
短期39.63%、長期20.315%となる。

------- 所有期間の判定・注意ポイント -------

① 売却日はその年の1月1日時点で判定される

2020	2021	2022	2023	2024	2025（年）

例　○ 10/1取得 ───────────────→ ○ 10/1売却

実際の日数は5年を超えるが、1月1日時点では5年に足りず
短期譲渡所得となる。

② 日の選び方で判定が変わることも

2019	2020	2021	2022	2023	2024	2025（年）

例　○ 12/10取得 ────────────────→ ○ 12/10 売買契約　○ 1/10 引き渡し

売買契約日を選ぶと短期譲渡所得だが、引き渡し日を選べば
長期譲渡所得となる。

マイホーム売却の流れ
買い換えは売却が先か購入が先か

マイホームの売却では、売り主自身が「なぜ売却が必要なのか」という売却の目的を明確にして、その目的のために「いつまでにいくらぐらいで売りたいか」という売却の条件をよく検討しておくことが大切です。こうしたポイントが整理されていると、売却活動がスムーズに進められます。

実際の売り出し価格は、不動産会社による査定価格をめやすに決めます。

基本的なマイホーム売却の流れ

売却理由を確認して、希望する売却金額や売却時期について整理しておく。

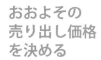

おおよその
売り出し価格
を決める

● ローン残債などから必要な金額を見積もる。
● インターネットなどで周辺相場を調べる。

不動産会社に相談、
仲介を依頼する
（媒介契約を結ぶ）

● 物件を査定してもらう。複数の会社に依頼することも多い。
● 売り出し価格を決定する。

マイホームを
売り出す

● 内覧に備え、補修や清掃をすませておく。
● 購入希望者と条件や価格の交渉をする。

売買契約を
結ぶ

● 買い主が決まったら売買契約を結ぶ。
● 手付金などを受け取る。
● 不動産会社に仲介手数料を支払う。

物件を
引き渡す

● 残金を受け取る。
● 登記手続きを行う（抵当権の抹消、所有権の移転など）。

複数の不動産会社に依頼して比較することもできます。

　売却の実務は、不動産会社に仲介を依頼して、連絡をとり合いながら進めていくのが一般的です。そのため、信頼できる不動産会社選びもポイントになります。

売却が先か購入が先か

　買い換えの場合は、売却と購入のタイミング（売却が先か購入が先か）が重要です。どちらにもメリットとデメリットがありますが、売却と購入の時期のずれが大きいと、その間の資金の手当てが必要になったり、物件の売却や購入を自分のペースで進められないケースも出てきます。できるだけ計画的に進めることが大切です。

売り優先、買い優先のメリット・デメリット

売却を先にする（売り優先）

メリット

- 自分のペースで売却を進められる。
- 売却代金を購入資金に充てられるので、購入物件の資金計画が立てやすい。

デメリット

- 購入物件が決まらない場合、仮住まいが必要になる（家賃など追加費用が発生する）。

購入を先にする（買い優先）

メリット

- 自分のペースで購入物件を探せる。

デメリット

- 売却を急ぐことになり、交渉で不利になることがある。
- 売却が遅れると、元の家と新しい家の住宅ローンが重なることがある。

確実に売却するには、不動産会社に元の家を買い取ってもらう方法もあります。ただし、査定価格は低くなりがちです。

マイホーム売却にはさまざまな特例が設けられている

マイホーム売却には税金を少なくできる特例がある。
ただし、ケースによって使える特例は異なる。

マイホームの売却は優遇される

不動産の売却に対する税金には、負担を軽減できるさまざまな特例が設けられています。特にマイホーム（居住用不動産）の売却の場合、売却代金は買い換えやその後の生活などで必要な資金でもあることから、より有利な特例が用意されています。

代表的なものに、売却時の3000万円特別控除、買い換え時の居住用財産の買い換え特例などがあります。こうした特例を使えるかどうかで、税金は大きく変わります。条件など事前のチェックが欠かせません。

確定申告により適用を受ける

特例の適用を受けるには、原則として確定申告をしなければなりません。申告は特例で税額がゼロになる場合も必要です。申告の際は、特例による税額計算のための計算明細書や、売却時の契約書や領収書など売却に関する書類が必要になります。

ひとくち COLUMN 購入が平成21年、平成22年の土地なら特別な控除あり

平成21年1月〜平成22年12月の間に購入した土地（借地権含む）なら、売却の際、その土地に対する譲渡所得から最大1000万円を差し引けます。マイホーム以外の土地でも利用できます。ただし、3000万円特別控除などほかの譲渡所得の特例との併用はできません。相続や贈与の場合、また配偶者や一定の親族など、特別な関係にある相手からの購入は対象外です。

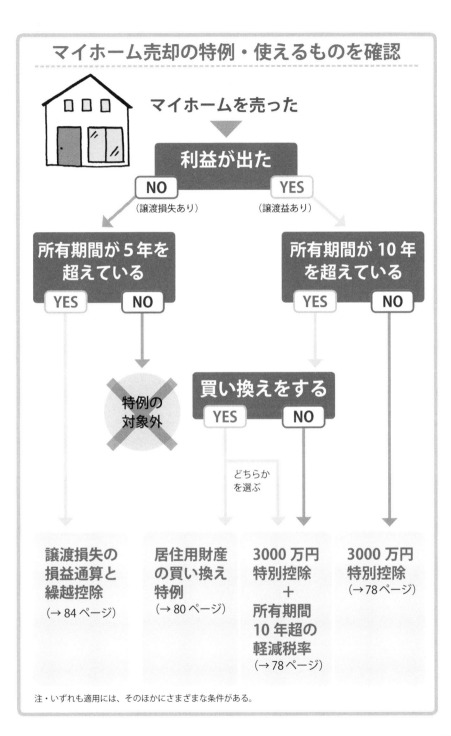

マイホーム売却の特例・使えるものを確認

マイホームを売った

↓

利益が出た

NO（譲渡損失あり） / YES（譲渡益あり）

所有期間が5年を超えている
YES / NO

所有期間が10年を超えている
YES / NO

特例の対象外

買い換えをする
YES / NO

どちらかを選ぶ

譲渡損失の損益通算と繰越控除
（→84ページ）

居住用財産の買い換え特例
（→80ページ）

3000万円特別控除＋所有期間10年超の軽減税率
（→78ページ）

3000万円特別控除
（→78ページ）

注・いずれも適用には、そのほかにさまざまな条件がある。

譲渡所得から 3000 万円を 差し引くことができる

マイホーム売却金額から必要経費だけでなく、3000万円を差し引ける特例。所有期間10年超なら軽減税率も使える。

マイホーム売却でまず確認したい特例

「居住用財産を譲渡した場合の3000万円特別控除」（以下、3000万円特別控除）とは、マイホームの売却なら譲渡所得から3000万円を差し引けるという特例です。所有期間を問われないため、利用しやすい特例です。

譲渡所得が3000万円までなら、税金がかからないことになります。ただし、セカンドハウスや賃貸用のマンションなどは対象外です。

控除は1人につき最大3000万円です。そのため、たとえば建物や土地が夫婦の共有名義なら、合計6000万円までの控除が可能になります。

所有期間 10 年超なら税率も下がる

また、マイホームの所有期間が10年を超えていれば、軽減税率が適用されます（所有期間10年超の軽減税率）。譲渡所得のうち6000万円以下の部分について、通常20%（長期譲渡所得）の税率が14%になるのです。この軽減税率は、3000万円特別控除と合わせて利用できます。

3000万円特別控除の適用を受けるには、売却の翌年に確定申告をします。適用により税額がゼロになる場合も申告は必要です。

この3000万円特別控除は、居住用財産の買い換え特例や住宅ローン控除などの適用を受けている場合（売った年だけでなく前年・前々年も不可）利用できません。また、一度3000万円特別控除の適用を受けると、その後2年間（翌年と翌々年）は再適用を受けられなくなります。

税金メモ **空き家の3000万円特別控除**　空き家となった親などの家の相続・売却でも、条件により3000万円の控除を受けられる（→176ページ）。3000万円特別控除と併用も可（合計3000万円まで）。

3000万円特別控除はこんなしくみ

$$\left(\text{譲渡所得} - 3000\,万円 \right) \times \text{税率}$$

所有期間5年以下なら
39%

所有期間5年超なら
20%

注・所得税と住民税の合計。

主な適用条件

☐ 自分の住む建物・土地の売却である。
・または住まなくなってから3年後の年末までに売却すること。

☐ 売却した年の前年または前々年に、この特例や居住用財産の買い換え特例などの適用を受けていない。

☐ 配偶者や親族、自分がオーナーである会社への売却ではない。

所有期間10年超なら税率が軽減される
（所有期間10年超の軽減税率）

譲渡所得
−3000万円*

6000万円までの部分 **14%**
（所得税10%、住民税4%）

6000万円超の部分 **20%**
（所得税15%、住民税5%）

＊ 3000万円特別控除と併用の場合。

主な適用条件

上記の3000万円特別控除の適用条件に加えて、

☐ 売却した年の1月1日時点で所有期間が10年を超えている。

注・上記の所得税には、いずれも復興特別所得税が上乗せされる。

今より高額な物件に買い換えなら税金を「先送り」できる

元のマイホームを売って新しいマイホームを買うときに使える特例。新旧マイホームの価格差で計算方法が変わるので注意。

税金は「なし」ではなく「繰り延べ」

マイホームを売って新しいマイホームに買い換える場合、一定条件を満たせば、売却の利益（譲渡所得）に対する税金を繰り延べできます。これを「特定の居住用財産の買い換え特例」（以下、居住用財産の買い換え特例）といいます。この特例により、買い換え時の税金を軽減できます。所有期間が10年を超えていることが条件です。

注意したいのは、税金が免除されるわけではなく、繰り延べ（先送り）されるということです。今回の譲渡所得には課税されませんが、次に買い換えをした場合は、繰り延べ分を含めて課税されることになります。

繰り延べできる金額は、新しいマイホームの購入金額により変わります。元のマイホームより新しいマイホームのほうが高いか同額なら、税金は全額繰り延べとなります。新しいマイホームのほうが安い場合は、その差額に税金がかかります（右ページ図）。

有利な特例を試算して選ぶ

居住用財産の買い換え特例は、3000万円特別控除（および所有期間10年超の軽減税率）との併用はできません。どちらも使える場合は、試算により有利なほうを選びます（→82ページ）。

適用を受けるには、売却の翌年に確定申告が必要です。また、この特例の適用を受けると、買い換え後の住宅で住宅ローン控除は使えません。

税金メモ　**売却の年に買い換えできない場合**　売却の翌年までの買い換えなら適用を受けられる。売却した年に見積額で申告して買い換え後に精算するが、修正申告などが必要な場合も。

居住用財産の買い換え特例のしくみ

元のマイホーム（売却）　　新しいマイホーム（購入）

購入金額のほうが高い場合

購入金額

売却金額

将来また買い換えをした場合は、繰り延べ分を含めて課税される。

課税は繰り延べ（買い換え時の税額は0円）

購入金額のほうが安い場合

売却金額

購入金額

この差額に課税される。

| 計算式 |

{収入金額（売却金額と購入金額の差額）－必要経費*}×税率（20%）

* （売却するマイホームの取得費＋譲渡費用）×（収入金額÷売却金額）。

購入金額分への課税を繰り延べ

将来また買い換えをした場合は、繰り延べ分を含めて課税される。

主な適用条件

● 売却するマイホーム（譲渡資産）　● 購入するマイホーム（買い換え資産）

☐ 自分が住んでいた建物・土地である。

☐ 売却した年の1月1日時点で、所有期間が10年を超えている。

☐ 居住期間が10年を超えている。

☐ 売却金額は1億円以下である。

☐ 自分が住むための建物・土地である。

☐ 建物の床面積50㎡以上、土地面積500㎡以下。

☐ 売却した年かその前年または翌年中に取得した。
・居住開始時期は、売却した年かその前年に購入した場合、売却した年の翌年12月まで。売却の翌年に購入した場合、購入した年の翌年12月まで。

☐ 令和6年以後に建築確認を受ける（原則）。
・または一定以上の省エネ基準を満たすこと。

計算してみよう

3000万円特別控除と居住用財産の買い換え特例、どちらが有利？

この2つの特例は併用できません。試算により有利なものを選びます。
具体的なケースで見てみましょう。

3000万円特別控除と居住用財産の買い換え特例の比較例

条件 20年前に2500万円（諸費用込み）で買ったマイホームを6000万円で売却、4500万円の新しいマイホームを購入。譲渡費用は200万円。

[参考] 特例の適用がない場合の税金
6000万円－（2500万円＋200万円）＝3300万円
3300万円×20％＝税額 **660万円**

1 3000万円特別控除＋所有期間10年超の軽減税率を使った場合

6000万円－（2500万円＋200万円）－3000万円
＝300万円

300万円×14％ ＝税額 **42万円**

3000万円特別控除は適用条件がシンプル（→79ページ）で使いやすそう。

譲渡所得が 3000 万円以下 ▶ 税額がゼロになる 3000 万円特別控除が有利（居住用財産の買い換え特例は、課税が繰り延べ）。

譲渡所得が 3000 万円超 ▶ より高額な物件への買い換えなら、買い換え時に税金がかからない居住用財産の買い換え特例が有利。ただし、将来の売却時に繰り延べ分の税金がかかる。

2 居住用財産の買い換え特例を使った場合

6000 万円− 4500 万円＝ 1500 万円

（買い換えによる収入金額。この部分に課税される）

購入金額分（4500 万円）への課税は繰り延べ

（2500 万円＋ 200 万円）×（1500 万円÷ 6000 万円）

＝ 675 万円

（必要経費）

1500 万円− 675 万円　　　　＝ 825 万円

825 万円× 20%　　＝税額 165 万円

注・わかりやすさのため、
　復興特別所得税は省略。

結果

このケースでは 1 のほうが有利。

（譲渡所得は 3000 万円を超えるが、購入金額のほうが安いため、2 では差額に税金が発生した）

マイホーム売却で赤字になる人には救済措置がある

まとめ 売却による赤字は、ほかの所得との間で行う損益通算や、翌年以降の繰越控除により税金軽減に役立てられる。

損失を活用して税金を減らせる

マイホームを売って赤字になる（購入した金額より売却した金額のほうが少ない＝譲渡損失）こともあります。そのため、売却した金額では残っている住宅ローンを完済できない、また損は出たが新たに住宅ローンを組んで新しいマイホームを購入する、という場合もあるでしょう。

こうしたケースを救済するのが、「居住用不動産の譲渡損失の損益通算と繰越控除」（以下、譲渡損失の損益通算と繰越控除）です。

買い換えをした場合も使える

この特例の適用を受けると、まず売却の損失とほかの所得との間で損益通算ができます。損益通算とは、ある所得で損失が出たとき、ほかの所得からその損失を差し引くことです。その分課税される所得が抑えられ、税金を少なくできます。

さらに、その年の所得から引ききれなかった損失金額があれば、翌年以降に繰り越して、その年の所得から差し引くことができます（繰越控除）。損失金額は、最長3年間の繰り越しができます。

この特例は買い換えをする場合にも利用できます。この場合は住宅ローンが残っていなくてもかまいません。

特例の適用を受けるには、売却の翌年に確定申告が必要です。繰越控除を受ける年も確定申告します。

税金メモ **繰越控除と住宅ローン控除** この特例と住宅ローン控除は併用できるが、損益通算や繰越控除で税額がゼロの間は適用されない。税額が生じた年から適用されることになる。

譲渡損失の損益通算と繰越控除のしくみ

▲ 譲渡損失が出た

「売却金額−必要経費（取得費＋譲渡費用）」のマイナス金額

A 住宅ローンが残っている　　　　　　**B** 買い換えをする

譲渡損失の上限は、「売却時の住宅ローン残高−売却金額」

AまたはBの場合

ほかの所得から譲渡損失を差し引ける（損益通算）

ほかの所得−譲渡損失＝課税される所得金額

会社員なら給与所得など。

課税所得が少なくなり、その年の税金が軽減される。

引ききれない譲渡損失は、翌年以降の所得から差し引ける（繰越控除）

ほかの所得−譲渡損失の残額＝その年の所得金額

譲渡損失がゼロになるまで繰り越しできる（最長3年間）。

主な適用条件

- ☐ 売却するマイホームの所有期間がその年の1月1日時点で5年を超えている。
- ☐ 売却相手が配偶者や直系親族などでない。
- ☐ 令和7年12月までの売却である。
- ☐ 売却するマイホームに10年以上の住宅ローンが残っている。
  - ・売却の契約日の前日時点。

- ☐ その年の所得が3000万円以下である。
- ☐ 売却した年の前年か前々年に、ほかのマイホーム関連の特例を受けていない。

● 買い換えの場合
- ☐ 購入するマイホームに10年以上の住宅ローンがある。
- ☐ 購入した建物・土地に翌年末までに住んでいる。

売 事業の不動産売却でも 買い換え特例を受けられる

まとめ マイホーム以外の不動産でも買い換え特例を受けられる。
適用のための条件が多いので、事前によく確認を。

店舗や事務所、貸家にも使える

　買い換え特例には、個人が店舗や事務所、農地、貸家や貸地などの事業用不動産を売って、新しい事業用資産に買い換えた場合に受けられるタイプもあります。これを事業用資産の買い換え特例といいます。買い換えで不動産をもっと有効に活用したい人に向けた制度です。

　一定条件を満たす買い換えなら、売却金額の80％を繰り延べすることができ、買い換え時の税金を抑えられます（大都市や都心への買い換えでは70％や75％の場合あり）。

適用を受けられる条件を確認しておく

　特例の利用には、次のような基本条件を満たしている必要があります。
①売却する不動産と購入する不動産がどちらも事業用である。
②売却する不動産と購入する不動産が一定の組み合わせである（組み合わせごとに条件あり）。
③購入する不動産が土地の場合、原則として売却する土地面積の5倍以内。
④不動産を売った年、またはその前年か翌年中に購入する。
⑤買い換えから1年以内に、その不動産で事業を行う。

　なお国内であれば、どの地域との不動産の買い換えにも利用できます。

　適用を受けるには、売却の翌年に確定申告をします。申告時には、特例の適用条件に該当することを証明する書類などを添付します。

税金メモ **店舗併用住宅**　店舗と住宅が1つになっている場合、居住用部分は居住用財産の買い換え特例、店舗部分は事業用資産の買い換え特例という使い方もできる（→93ページ）。

事業用資産の買い換え特例のしくみ

買い換え

元の事業用不動産（売却）　新しい事業用不動産（購入）

購入金額のほうが高い場合

> この部分に
> 課税される。
>
> 計算式
> **（売却金額の 20％－必要経費*）×税率**
> ＊（売却不動産の取得費＋譲渡費用）× 20％。

売却金額　　　　購入金額

売却金額の
80％分への課税を
繰り延べ

将来また買い換えをした場合は、繰り延べ分を含めて課税される。

購入金額のほうが安い場合

> この部分に
> 課税される。
>
> 計算式
> **{収入金額（売却金額と購入金額の差額＋購入金額の 20％）－必要経費*}×税率**
> ＊（売却不動産の取得費＋譲渡費用）×（上記の収入金額÷売却金額）。

売却金額

購入金額

購入金額の
80％分への課税を
繰り延べ

将来また買い換えをした場合は、繰り延べ分を含めて課税される。

主な適用条件（代表的な組み合わせの例）

売却する不動産（譲渡資産）

☐ 国内の事業用不動産である。

☐ 売却した年の1月1日時点で所有期間が 10 年を超えている。

購入する不動産（買い換え資産）

☐ 国内の事業用不動産である。

☐ 土地の場合、政令で定める特定施設等の敷地で 300㎡以上。

譲渡所得の内訳書に売却の内容をまとめる

不動産売却の税金は、給与などほかの所得とは別に計算する。
使用する申告書類の種類も増えるのでやや煩雑になる。

譲渡所得は「分離課税」

不動産を売って得た利益（譲渡所得）への税金は、確定申告により納めます。この利益に対する税金の計算は、給与などの所得とは別にして行います。これを分離課税といいます。分離課税の所得では、確定申告書第一表、第二表とともに第三表（分離課税用）を使います。さらに不動産売却では、譲渡所得の内訳書を作成します。売却で赤字になり、損益通算や繰越控除を行う場合は、譲渡損失に関する計算明細書などが必要です。

申告書類は、売却後に税務署から送られてくるほか、税務署でもらったり、国税庁のホームページからダウンロードもできます。適用を受ける特例などによって、使用する申告書類や添付する書類が異なるので注意が必要です。また、e-Tax による申告・納付も可能です。

確定申告時の主な必要書類

● 適用を受ける特例により

☐ 売買契約書などのコピー*1

☐ 建物・土地の登記事項証明書*1

☐ 戸籍の附票の写し
　 など

☐ 確定申告書第一表、第二表

☐ 申告書第三表（分離課税用）

☐ 譲渡所得の内訳書【土地・建物用】

● 譲渡損失が出た場合

☐ 居住用財産の譲渡損失の金額の明細書*2

☐ 居住用財産の譲渡損失の損益通算及び繰越控除の対象となる金額の計算書*2

*1 買い換えの場合、売却、購入した不動産両方のものが必要。

*2 買い換えの有無などで使用する書式が異なる。

不動産売却の確定申告書　記入の流れとポイント①

譲渡所得の内訳書【土地・建物用】

売却した不動産の内容について記入する。

1～4面が1セット。

注・1面は内訳書の表紙部分。住所や氏名を記入する。4面は居住用財産の買い換え特例などを利用する場合に記入する。

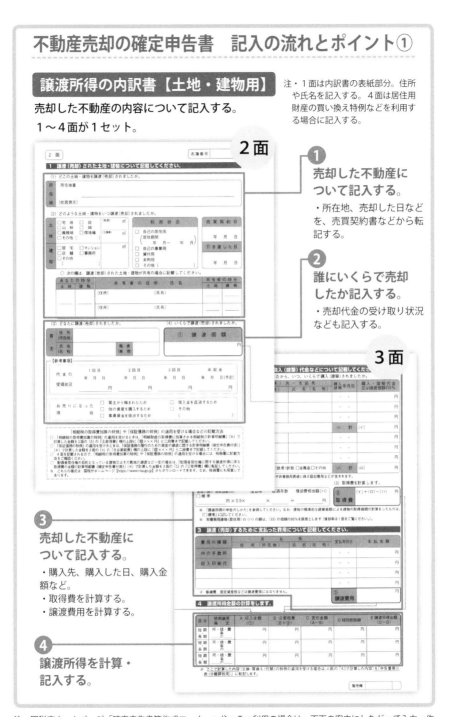

1 売却した不動産について記入する。

・所在地、売却した日などを、売買契約書などから転記する。

2 誰にいくらで売却したか記入する。

・売却代金の受け取り状況なども記入する。

3 売却した不動産について記入する。

・購入先、購入した日、購入金額など。
・取得費を計算する。
・譲渡費用を計算する。

4 譲渡所得を計算・記入する。

注・国税庁ホームページ「確定申告書等作成コーナー」やe-Tax利用の場合は、画面の案内にしたがって入力・作成する。

不動産売却の確定申告書　記入の流れとポイント②

申告書第三表

分離課税の収入・所得や
その税額などを記入する。

P**OINT**

特例を利用する場合、
その条文を記入する。

5 分離課税分
の1年間の
収入金額と
所得金額を
記入する。

・譲渡所得の
内訳書から転
記する。

6 所得税額を計算・記入する。

・総合課税分は第一表の所得合計と
所得控除合計から計算する。

・分離課税分は個別に計算する。
不動産売却は所有期間などで税率が
異なる。

・総合課税分の税額と分離課税分の
税額を合計して記入する。

7 譲渡所得の
内容について
記入する。

・譲渡所得の内訳書
から転記する。

不動産売却の確定申告書　記入の流れとポイント③

確定申告書第二表

所得や所得控除などの内訳を記入する。

8
源泉徴収された所得について記入する。

・源泉徴収票などから転記する。

9
当てはまる所得控除など（参考→184ページ）について記入する。

確定申告書第一表

年間の収入（所得）や所得控除などを記入して、税額などを計算する。

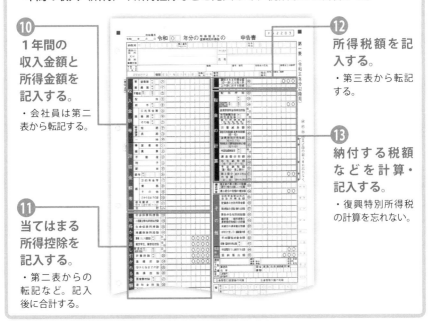

10
1年間の収入金額と所得金額を記入する。

・会社員は第二表から転記する。

11
当てはまる所得控除を記入する。

・第二表からの転記など。記入後に合計する。

12
所得税額を記入する。

・第三表から転記する。

13
納付する税額などを計算・記入する。

・復興特別所得税の計算を忘れない。

売ったときの税金 Q&A

Q1

共有名義の不動産を売却するにはどんな方法がありますか ❓

　共有名義の不動産売却は、基本的に自分の持ち分の売却ならほかの共有者の同意がなくても可能です。ただし、その後の使用に制限があるため、価格は低めとなり買い手もつきにくいでしょう。共有者全員と話し合って同意を得た上で、土地全体を売ることが理想的です。しかし、その土地に住んでいる共有者がいる場合、共有者が多い場合など、利害は一様ではなく容易ではありません。売却方法をよく検討して、ほかの共有者に納得してもらえる方法を考えます。

共有名義の不動産売却方法

1

共有者全員の同意を得て、不動産全体を売る

・1人でも反対者がいると売却できない。

2

自分の持ち分を売却する

・第三者への売却は高く売るのが難しい。

・ほかの共有者に買い取ってもらう方法もある。

3

土地の共有の場合、土地を分筆＊して売る

・分筆のしかたにより価値などが変わる。

＊持ち分にしたがって土地を分割して登記、それぞれの単独所有とすること。

Q2 店舗併用住宅では売却時の税金の特例などはどうなりますか？

　住まいと店舗や事務所が一体となった店舗併用住宅を売却する場合も、3000万円の特別控除などの特例を受けられます。ただし、対象となるのはその居住用部分のみです。ただし、居住用部分が全体の90％以上なら、全体を居住用として適用を受けられます。

　また買い換えの場合、一定条件を満たせば、居住用部分について3000万円の特別控除または居住用財産の買い換え特例、店舗用部分について事業用資産の買い換え特例が使えます。

Q3 「建物のある状態で売却」と「建物を壊して更地で売却」、どちらが有利ですか

　建物が残っていると、買い主が土地の広さや形状をイメージしづらいことなどから、更地のほうが売りやすい傾向があります。しかし、建物の解体には解体費用や整地費用がかかります。見積もりをとって比較検討を。なお、解体費用は経費（譲渡費用）にできます。また、更地にしてすぐ売却できない場合、建物があったときより固定資産税が高くなることにも注意します。

Q4 ローンの残った家を売ることはできますか

　住宅ローンの残債がある住宅を売るには、売却代金などでローンを完済して、登記簿に設定された抵当権を抹消しなければなりません。売却による完済が難しい場合、買い換えなら残ったローンを新しい住宅のローンに含めて新たに借り入れする、買い換え（住み替え）ローンの利用も検討します。

Q5

親から相続した土地を売却するとき、取得費や取得日はどうなりますか❓

　相続や贈与で取得した不動産を売却する際、税金の計算では元の所有者の取得日と取得費を引き継ぎます。相続で取得した日や相続時の評価による課税価格が、取得日／取得費になるわけではありません。なお、取得費には相続時に支払った登記費用や登録免許税、不動産取得税などを含められます。

　また、この売却が相続開始の翌日から3年10か月以内なら、相続税の一定部分を取得費に含めて計算できます（相続税の取得費加算の特例→177ページ）。

相続で取得した不動産売却の取得費、所有期間

所有期間

被相続人が不動産を取得
- 購入代金や建築代金、購入時の手数料など。
▶▶ **取得費**

相続
- 所有権は被相続人から相続人へ。**取得日、取得費は引き継ぐ。**

相続人による売却
- 売却にかかった費用。
▶▶ **譲渡費用**

Q6

売却の際に不動産会社に支払う仲介手数料はいくらぐらいですか❓

　仲介手数料は、宅地建物取引業法により以下のように上限が定められています。売買代金200万円以下の部分→売買代金の5％以内、200万円超400万円以下の部分→4％以内、400万円超の部分→3％以内。この範囲内で不動産会社が自由に決められます。売買代金400万円超なら「売買代金×3％＋6万円」という式で上限額を計算できます（プラス消費税）。

第4章

不動産を貸したときの税金

不動産賃貸では
税金の知識も欠かせない

賃料などには所得税・住民税がかかる。その他の税金も含めて、
収支計画に盛り込んでおく。

年に一度、確定申告が必要になる

　不動産を貸して得た賃料から必要経費を差し引いた利益（不動産所得
→ 100 ページ）には、税金（所得税と住民税）がかかり、1 年に一度確
定申告により納めます。税額は、給与などほかの所得と合計する総合課税
（→ 100 ページ）という方法で計算します。

　また、不動産所得が一定金額を超えると事業税（→ 106 ページ）、賃料が
一定金額を超えると消費税（→ 114 ページ）といった税金を納める必要も
出てきます。

　その他、賃貸用の物件を購入したときは、印紙税や登録免許税、不動産取
得税などが必要です。所有中は固定資産税などがかかります。将来売却すれ
ば、譲渡所得として課税されます。

お金の出入りは帳簿につける

　不動産賃貸にかかわる税金を正しく計算して納めるには、お金の出入りを
把握するため帳簿をつける必要があります。

　帳簿は正確でなければなりません。そのため、不動産賃貸の入出金用の口
座は生活費などの口座とは別にする、かかった費用の領収書はきちんと整理
して保存しておくなど、お金の動きがすぐにつかめるようにします。

　さらに帳簿に複式簿記を採用して青色申告（→ 110 ページ）をすれば、
さまざまな税金軽減の方法を使えるようになります。

税金メモ　**複式簿記**　取引を貸方と借方の 2 つの面から記帳することで（仕訳）、単なるお金の増減
だけでなく、事業の財政状態までわかるようにする帳簿の方法。

不動産賃貸にはこんな税金がかかる

- マンションを購入して貸す。
- 自分の土地に賃貸用の建物を建てて貸す。
- 自分の土地に借地権を設定して貸す。
- 自分の土地を駐車場として貸す。
- 転勤や住み替えなどで自宅を賃貸に出す。

など

賃料などの収入（不動産所得）

所得税・住民税

事業規模の不動産賃貸で、不動産所得290万円超の場合など。

事業税

前々年の課税売上高が1000万円超の場合など。

消費税

確定申告などで納める。

都道府県からの通知により納める。

消費税の確定申告で納める。

所得税や住民税の負担を軽くする方法には「青色申告」があります。

ひとくち COLUMN

不動産投資なら REIT という方法もある

　物件を購入して不動産賃貸を行うには、大きな資金が必要となり、維持管理にもお金がかかります。空き室が出たりするリスクもあります。そこで比較的少額で不動産投資をする方法に、REIT（リート）があります。投資会社に一定の資金を預けて不動産投資をまかせ、利益の配分を得る投資信託の一種です。

　なお、REIT 売却の利益は「譲渡所得」となり、所得税と住民税などがかかります。

不動産賃貸を始める前には
収支計画を立てる

流れを押さえて計画的に実践する

　不動産賃貸では、得られる収入とともに、必要な支出を差し引いた収支について、事前に見通しを立てることが大切です。その不動産をいくらで貸せるのか、貸すまでにどんな費用が必要か、貸してからはどんな費用がかかるか、空き室が増えても借入金の返済が可能かなどを検討します。

　また多くの場合、不動産賃貸には不動産会社がかかわります。入居者の募集や契約をサポートする仲介業務、入居後の賃料の管理や清掃、メンテナンスなどの管理業務などです。物件を不動産会社に貸して不動産会社から一定の賃料を受け取る「サブリース」という方法もあります。

　そのため、信頼できる不動産会社を慎重に選ぶことも、不動産賃貸を成功させる大きなポイントです。

不動産賃貸を始めるときの流れ

収支計画を立てる

- なぜ貸すのか、いつまで貸すのかなどを明確にする。
- 必要な費用を見積もる。
- 周辺地域の賃料などを調べて、賃料のめやすを考える。
- 利回り（収益性）を把握する。

不動産会社に
相談して契約する

- 賃料の査定をしてもらう。
- 入居者の募集（仲介業務）、入居後の物件管理（管理業務）など、依頼する業務を決めて契約を結ぶ（媒介契約または代理契約）。

収支を試算してみる

プラスになること。

収入 － 支出 ＝ 収支

収入
- ☐ 賃料（家賃）
- ☐ 礼金
- ☐ 管理費（共益費）
- ☐ 更新料
- ☐ 駐車場料金　など

注・敷金や保証金はいずれ返
　還する費用なので収入には
　含めない。

支出
- ☐ 仲介手数料
- ☐ 損害保険料
- ☐ 管理委託費（不動産会社
　に管理を依頼する場合）
- ☐ 固定資産税・都市計画税
- ☐ 管理費、修繕積立金
　（分譲マンションの場合）
- ☐ ローン返済額
- ☐ 修繕費用、クリーニング
　費用　　　　　　　　など

収支
１年ごとの収入と支出
を表にして、長期的な
収支の推移も考える。

不動産を貸すことで、
空き家のままや売却よ
り有利な資産活用がで
きます。

入居者を募集、賃貸借契約を結ぶ

- 賃料や貸し出し条件を決める。
- 入居者募集を始める。入居希望
　者に対応する（物件見学、条件
　交渉）。★
- 入居者との賃貸借契約を結び、
　物件を引き渡す。

物件を運営・管理する

- 賃料の入金管理、物件の清掃、
　メンテナンス、トラブル対応な
　どを行う。★
- 帳簿をつくって、年に一度、
　確定申告により税金を納める。

★は契約内容に応じて不動産会社が行う。

家賃などの利益は
ほかの所得と合計する

まとめ 不動産賃貸の「収入金額－必要経費」が課税対象となる（不動産所得）。
税額はほかの所得との合計により計算する（総合課税）。

収入から必要経費を差し引ける

　個人が一戸建てやアパート、マンション、駐車場などの不動産を貸すことで得た収入金額は、賃貸のためにかかった必要経費を差し引いた上で、不動産所得として課税されます。

　必要経費とは、固定資産税などの税金や建物の損害保険料、不動産会社に管理を依頼した場合の管理費、建物の修繕費や定期的なメンテナンス費用などです。不動産賃貸にかかわりのない生活費などは、必要経費になりません。必要経費が収入を上回る場合は税金がかからないことになります。

　不動産所得は、ほかの所得（給与所得、事業所得、雑所得など）と合計した金額（総所得金額）に課税されます。この総所得金額から当てはまる所得控除（社会保険料控除、配偶者控除など→184ページ）を差し引いた金額（課税所得金額）に、税率を掛けて税額を計算します。

　このしくみを総合課税といいます。総合課税では累進税率という課税方法が採用されており、課税所得金額が多くなるほど税金は高くなります。

赤字なら損益通算ができる

　不動産所得が赤字になった場合は、その金額をほかの所得の黒字から差し引くことができます。赤字の分だけ総所得金額が少なくなるため、かかる税金は少なくなります。これを損益通算といいます。

　不動産所得の税金は、翌年の3月15日まで*に確定申告により納めます。

税金メモ **所得は10種類** 所得は利子所得、配当所得、不動産所得、事業所得、給与所得、退職所得、山林所得、譲渡所得、一時所得、雑所得に分けられ、それぞれ計算方法や税率が異なる。

不動産所得はこう計算する

収入金額

家賃など賃料とそれにともなう収入。

- 賃料（家賃、地代、駐車料）
- 名義書換料、更新料
- 敷金や保証金のうち返還の必要がないもの
- 共益費　など

マイナス

必要経費

その不動産を貸すことでかかった費用。

- 各種税金
  （固定資産税、都市計画税、購入時の各種税金など）
- 建物の損害保険料
- 減価償却費（→ 102 ページ）
- 借入金の利子（賃貸不動産にローンがある場合）
- 不動産会社に支払う管理費
- 修繕費（→ 104 ページ）
- 不動産会社や入居者とのやりとりにかかった通信費
- 入居者の募集費用（仲介手数料含む）　など

注・不動産所得が赤字のときの計算では、その土地の借入金の利子は他の所得との損益通算不可。

不動産所得

不動産賃貸の利益。

➡ ほかの所得と合計した金額
（総所得金額）に所得税、
住民税がかかる（総合課税）。

不動産売却で得た値上がり益は譲渡所得となり（→ 70 ページ）、不動産所得とは計算方法が異なります。

POINT

総所得金額からは、社会保険料控除や医療費控除、配偶者控除などの所得控除を差し引ける。

建物の購入費などは 毎年少しずつ経費にしていく

まとめ 賃貸する建物など一定の資産は、減価償却が必要となる。
その対象と計算方法を押さえておく。

土地は減価償却の対象外

不動産賃貸のためにかかった費用は、通常全額がその年の必要経費となります。しかし、長期にわたって使用してその価値が次第に減っていくような資産については、その取得費用を一定年数（使用可能期間）に分けて必要経費にしていきます。これを減価償却といい、減価償却の対象となる資産を減価償却資産といいます。

不動産の場合は、建物やその付属設備などが減価償却資産となります。土地は年月が経っても価値が減るものではないため、減価償却の対象外です。

減価償却を行う一定年数（使用可能期間）を耐用年数といい、資産の種類ごとに定められています。耐用年数から算出された「償却率」を掛けた金額が、毎年の必要経費（減価償却費）となります。

減価償却には2つの計算方法がある

減価償却の計算方法には、毎年一定額ずつ償却する定額法と、毎年同じ割合を償却する定率法（償却金額は最初のうち多く、次第に減っていく）があります。建物と平成28年4月以降に取得した付属設備、看板などの構築物は定額法と決められています。その他の減価償却資産は、事前の申請によりどちらかを選べます。申請をしない場合は自動的に個人は定額法、法人は定率法となります。

なお、建物本体の取得費用と建物の付属設備費用は別に計算します。

税金メモ **自宅を賃貸した場合の減価償却**　この場合、自宅の取得から賃貸に転用するまでの減価償却分を一定の計算により差し引いて残った金額を償却していくことになる。

減価償却のしくみと計算

条件 1000万円の新築木造住宅（耐用年数22年・償却率0.046）
を購入。

注・資産の種類ごとの耐用年数や償却率は、
国税庁ホームページで確認できる。

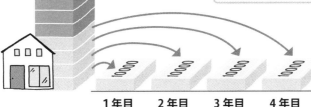

住宅の耐用年数の例
- 鉄骨鉄筋コンクリート造 47年
- れんが造 38年
- 木造 22年 　　など

1年目	2年目	3年目	4年目
46万円	46万円	46万円	46万円

耐用年数（22年）の終了まで、毎年必要経費にしていく。

1000万円 × 0.046

減価償却費の計算式

定額法

取得価額×償却率 ＝その年の減価償却費

その資産の耐用年数により決められている。

定率法

（取得価額－前年度までの償却費）×償却率
＝その年の減価償却費

未償却残高

POINT

中古住宅を購入して貸す場合は、償却する年数の計算が必要（簡便法）。

耐用年数が残っている建物→（耐用年数－築年数）＋築年数×0.2
耐用年数を過ぎた建物→耐用年数×0.2

注・1年未満の端数は切り捨て。

大きな修繕などは 減価償却の対象となることも

まとめ 修繕にかかった費用は、修繕費と資本的支出に区別する。
資本的支出は減価償却が必要。

資本的支出となるケースに注意

　建物や設備は事故などで壊れたり、年月が経過すれば傷んだりします。そのため、修繕や定期的なメンテナンスが欠かせません。修繕やメンテナンスにかかった費用は、修繕費として必要経費になります。

　注意が必要なのは、工事の名目によらず、修繕により元の状態より価値が高くなったり、使用可能期間が延びたりした場合、その部分の費用は修繕費ではなく資本的支出となることです。資本的支出に該当する費用は、全額をすぐ必要経費にできず、取得したときの金額に加えて減価償却していきます。

金額で判断することもできる

　たとえば、外壁の塗装を同じ塗料で塗り直すだけなら修繕費ですが、防水加工などの機能をつけ加えると、その部分は資本的支出となります。修繕の方法や内容により扱いが変わるのです。

　ただし、あきらかに資本的支出であっても、かかった費用が 20 万円未満か、おおむね 3 年以内の間隔で定期的に行っている修繕なら、修繕費として扱うことができます。

　また実際には、修繕費と資本的支出をはっきり区別するのは難しいことが多くあります。そのため、支出金額が 60 万円未満、または前年末の取得価額の 10％以下などであれば修繕費にできるなど、金額による判断もできるようになっています。

税金メモ　修繕積立金　大規模修繕に備えるためマンションなどで支払う修繕積立金は、管理規約で定められた長期修繕計画に基づく妥当な金額なら、毎年の必要経費にできる。

修繕費と資本的支出の区別

不動産賃貸で必要になる主な修繕等

壁や天井・床の塗り替えや張り替え、窓ガラスや建具、水回り設備などの修理、入退去時のカギの交換、壁紙の張り替え、室内のクリーニング、外壁の塗装、屋上・屋根の補強・防水工事、リフォーム、退去後の原状回復費用など

定期的な保守点検費用、修理してその資産を元通りにするための費用（原状回復）。

▼

修繕費

POINT

資本的支出に該当しても、金額が20万円未満、おおむね3年以内の周期で行われる修理などは、修繕費として一括経費にできる。

修繕により、新たな機能をつけ加えたり、使用可能期間が延びたり、用途を変更した場合。
（例）非常階段の取りつけ、壁や天井の耐震補強や防水加工、畳をフローリングに変更など。

▼

資本的支出

注・1つの工事の中でも、修繕費に当たる部分と資本的支出に当たる部分は区別して計算する（外壁補修工事で原状回復部分は修繕費、機能付加部分は資本的支出など）。

区分がはっきりしない場合の判断基準、計算方法

❶1つの修繕にかかった金額が、

60万円未満	**または**	前年末の取得価額の10％以下
YES / NO		YES / NO
修繕費 / 資本的支出		修繕費 / 資本的支出

❷毎年、次のルールで処理

1つの修繕にかかった金額のうち、

「修理等の金額×30％」「前年末の取得価額の10％」のどちらか少ないほうの金額	左の計算分を差し引いた残りの金額
修繕費	資本的支出

賃貸マンション 10 室以上
などは事業税を納める

不動産所得が 290 万円超で規模が一定基準以上であれば、
都道府県に事業税を納めることになる。

不動産賃貸なら税率 5％

　不動産賃貸など個人で事業を始めると、所得税・住民税とは別に税金がかかることがあります。都道府県に納める事業税（個人事業税）です。税率は 3～5％で業種により異なります。不動産賃貸なら税率は 5％です。

　賃貸の規模が一定基準以上の場合に、事業税の課税対象になります。住宅なら一戸建て 10 棟以上、マンション 10 室以上などです（異なる種類の不動産がある場合は、すべて合計で 10 以上など）。基準は都道府県により若干異なることもあります。

　ただし、事業税には 290 万円の事業主控除が設けられています。そのため不動産所得が 290 万円以下の年は事業税がかかりません。事業を始めてから 1 年未満の場合は、290 万円の月割り額が控除されます。

　なお、事業税の計算で使う不動産所得は、青色申告特別控除を差し引く前の金額で計算します（事業税の計算では適用されないため）。

事業税は必要経費になる

　通常、事業税についての申告は必要ありません（確定申告書第二表の記入欄に必要事項を記入する）。確定申告書をもとに税額が計算されて、都道府県税事務所から 8 月ごろに納付書が送られてきます。原則として、8 月と 11 月の 2 回に分けて納付します。

　納めた事業税額は、翌年の確定申告の際に必要経費にできます。

税金メモ　**事業税の対象業種**　事業税の対象は 70 業種で、ほとんどの業種が対象。第一種～第三種事業に分けられており、それぞれ税率が異なる。不動産賃貸業は第一種事業。

事業税とはこんな税金

対象となる不動産賃貸の例
（いずれかに当てはまる場合）

建物

☐ 一戸建て 10 棟以上

☐ アパートやマンションなど
　10 室以上

・住宅以外は、独立家屋 5 棟以上または
　独立家屋以外 10 室以上。

土地

☐ 契約件数 10 件以上

☐ 貸付総面積 2000㎡以上

・住宅用地以外は契約件数
　10 件以上。

駐車場

☐ 柱や屋根などの建築物がある

・建築物がない場合は駐車可能台数が
　10 台以上。

コインパーキングなど。

注・上記未満でも、貸付面積や賃料収入により課税される
　場合がある。また、都道府県により基準は多少異なる。

事業税の計算式

（収入金額 － 必要経費 － 290 万円）× 3〜5％

青色申告特別控除や
青色事業専従者給与
を差し引く前の金額

事業主控除

不動産貸付
業は 5％

ひとくち COLUMN

個人と法人では
税金が違う

　不動産賃貸を会社の形（法人）で行う場合、かかるのは法人税になります。所得税は累進課税ですが、法人税は原則として一律の税率です。そのため、不動産所得が少ないと個人が有利ですが、不動産所得が多くなるほど法人が有利になります。

　その他、必要経費の計算も異なり、法人なら役員への報酬を所得から差し引くことができます。

不動産賃貸を始めるときは税務署に届け出をする

「開業届出書」は事業を始めるとき、「青色申告承認申請書」は青色申告を始めるときに提出する。

開業日から１か月以内に提出する

　個人で不動産賃貸を始めたときは、その１か月以内に「個人事業の開業・廃業等届出書」（以下、開業届出書）を、自宅などの住所を管轄している税務署に提出します。提出しなくてもペナルティなどはありませんが、事業の規模などにかかわらず、継続して不動産賃貸を行う場合には届け出をしておきましょう。

　届け出内容に不備などがある場合は税務署から連絡があります。連絡がなければ承認されたことになります。届け出に手数料などはかかりません。

青色申告なら申請書を提出する

　また不動産賃貸で、税金の計算上さまざまな優遇措置を受けられる青色申告を行う場合には、原則として青色申告を始めたい年の３月15日までに、「所得税の青色申告承認申請書」（以下、青色申告承認申請書）を税務署に提出します。新規開業なら、賃貸を始めた日から２か月以内でも、その年から青色申告が適用されます。開業届出書と同時に提出すれば手間が少なくすみます。１人で小規模な不動産賃貸を行うなら、この２つの書類が基本です。

　そのほか、必要に応じて右ページのような書類を提出します。それぞれ提出期限に注意します。いずれも e-Tax により、オンライン上で手続きをすることもできます。これからの事業開始では、インボイス制度への対応も検討が必要です（→ 115 ページ）。

税金メモ　**管轄の税務署**　こうした書類や確定申告書を提出する税務署は、原則として住民票のある住所を管轄している税務署。別の場所に事務所などがあればそちらを選ぶこともできる。

「開業届出書」記入ポイント

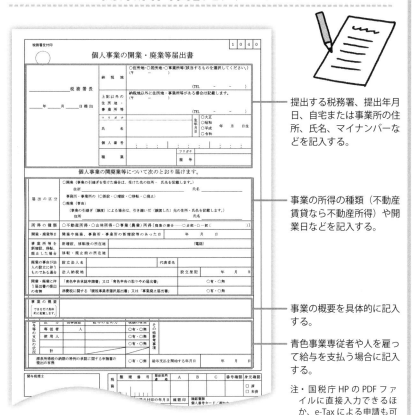

提出する税務署、提出年月日、自宅または事業所の住所、氏名、マイナンバーなどを記入する。

事業の所得の種類（不動産賃貸なら不動産所得）や開業日などを記入する。

事業の概要を具体的に記入する。

青色事業専従者や人を雇って給与を支払う場合に記入する。

注・国税庁 HP の PDF ファイルに直接入力できるほか、e-Tax による申請も可能。

ケースによる提出書類の例

「青色事業専従者給与に関する届出書」	▶	家族が事業に専従して働くとき。 →専従者を置いてから2か月以内（原則）。
「所得税の減価償却資産の償却方法の届出書」	▶	減価償却の方法として定率法を選ぶとき。 →この方法を選んだ年の翌年3月15日まで（原則）。
「給与支払事務所等の開設届出書」	▶	はじめて人を雇って給与を支払うとき。 →従業員を雇ってから1か月以内（原則）。
「源泉所得税の納期の特例の承認に関する申請書」	▶	給与から源泉徴収した所得税の納付を年2回にするとき。 →原則として提出の翌月分の給与から適用。

青色申告にすれば3つの税金メリットを受けられる

青色申告なら、届け出の上でしっかり帳簿をつけることで、さまざまな税金の優遇措置を受けられるようになる。

青色申告限定の控除がある

　不動産賃貸に対する税金では青色申告を利用できます。正規の帳簿（複式簿記など)をつけることで、さまざまな税金のメリットを受けられる制度です。

　代表的なものに、事業による所得金額から55万円または10万円を差し引ける青色申告特別控除があります。55万円控除は複式簿記による帳簿作成が条件です（電子申告または電子帳簿保存なら65万円）。家計簿程度の帳簿（簡易簿記など）では10万円となります。

　また、不動産賃貸の場合、55万円控除を受けられるのは、「事業的規模」（一戸建ては5棟以上、マンション10室以上など）が条件です。

　青色申告特別控除以外のメリットには、事業に従事する家族がいればその給与をすべて必要経費にできる（青色事業専従者給与）、事業の赤字を翌年以降の黒字と相殺できる（純損失の繰越控除）などがあります。

帳簿は会計ソフトを活用すると便利

　青色申告の帳簿（複式簿記、簡易簿記）作成には、会計ソフトが有用です。計算ミスがなく修正も簡単、複数の帳簿を自動的に連動させることもできます。55万円控除で必要になる複式簿記も、特に専門知識がなくても実践可能です（→帳簿のつけ方については121ページ）。

　青色申告を行うには税務署に申請が必要です（→ 108、113ページ）。申請の期日に遅れると、その年は青色申告によるメリットを受けられません。

税金メモ　**白色申告**　青色申告ではない通常の確定申告。申請などは不要で、帳簿も簡単なものです
む（→ 122ページ）。確定申告の際は「収支内訳書」を作成する。

青色申告の3つのメリット

1 青色申告特別控除を受けられる

不動産所得から55万円または10万円を差し引くことができる。ただし、55万円控除は、事業的規模で複式簿記による記帳の場合に限られる。

POINT

55万円控除は電子申告または電子帳簿保存を行っていればプラス10万円（65万円の控除）。

2 青色事業専従者給与の適用を受けられる

不動産賃貸が事業的規模なら、事業に従事する家族＊への給与を全額必要経費にできる。

＊生計を共にする配偶者や親族。
　6か月超の勤務実績が必要。

白色申告は事業専従者控除により、給与の一部が控除される（配偶者86万円、その他の親族50万円）。

3 純損失の繰越控除ができる

不動産所得の赤字が損益通算してもまだ残る場合、翌年以降最長3年間の所得（黒字）と相殺できる。

白色申告では、損益通算後に残った赤字分はなかったことになる。

事業的規模とは？（5棟10室基準）

一戸建てなど
▶おおむね5棟以上。

アパートやマンションなど
▶おおむね10室以上。

※駐車場は5台分程度で、アパート1室と考える。

そのほか、青色申告なら30万円未満の減価償却資産を、一括して必要経費にできます。

青色申告・利用チャート

1年間の不動産所得*1が20万円*2を超える。

*1 ほかの本業以外の所得との合計。
*2 不動産賃貸が本業の場合は48万円など。

YES → 確定申告が必要

NO → 確定申告は不要

「青色申告承認申請書」により、青色申告の承認を受けている。

YES

NO → 白色申告により確定申告を行う

事業的規模（5棟10室）を満たしている。複式簿記により帳簿をつけている。

YES

NO

電子申告（e-Tax）を行うか、帳簿を電磁的記録（CD-ROMなど）で管理・保存している。

YES

NO

青色申告により確定申告を行う
65万円の控除を受けられる。

青色申告により確定申告を行う
55万円の控除を受けられる。

青色申告により確定申告を行う
10万円の控除を受けられる。

「青色申告承認申請書」記入ポイント

提出する税務署、提出年月日、自宅または事業所の住所、氏名、事業の内容などを記入する（マイナンバーの記入や押印は不要）。

青色申告を始める年、氏名、住所などを記入する。

事業の所得の種類（不動産賃貸なら不動産所得）などを記入する。

採用する記帳の方式（複式簿記か簡易簿記）、作成する帳簿の種類をチェックする。

POINT

帳簿は、一般に現金出納帳、売掛帳、買掛帳、経費帳、固定資産台帳が必要（ケースによって異なる）。複式簿記ではこれらに加えて総勘定元帳、仕訳帳が必要になる（この2つは会計ソフトなら自動作成可能）。

▲「現金主義による所得計算の特例を受けることの届出書」

「現金主義」の帳簿も選べる

現金が動いた取引のみを記録する「現金主義」で帳簿をつくることもできる（記帳が簡単）。前々年の不動産所得が300万円以下で、届け出が必要になる（青色申告特別控除は10万円）。

注・いずれも e-Tax による手続きも可能。「青色申告承認申請書」は国税庁 HP の PDF ファイルに直接入力できる。

建物の用途や売上金額で課税／非課税が分かれる

まとめ 不動産賃貸も、売上などが一定以上なら消費税を納めることになる。計算方法など基本を押さえておく。

不動産賃貸には消費税の知識も必要

事業では、取引の中で消費税を支払ったり、受け取ったりすることになります。原則として、受け取った（預かった）消費税額から支払った消費税額を差し引いた金額を、申告により納めます（課税事業者）。支払った消費税のほうが多ければその差額が還付されます。ただし、基準期間（個人の場合、原則として前々年の1年間）の課税売上高（消費税対象外の取引を除いた売上金額）が1000万円以下なら納税義務は免除されます（免税事業者）。

不動産賃貸では、店舗や事務所、駐車場などの賃料に消費税がかかりますが、居住用の建物の賃料にはかかりません。また、土地を貸す場合、更地については非課税です。

消費税の計算は簡略化できる

消費税を納める課税事業者は、事業上のすべての取引について、課税か非課税かなどを区別の上、受け取った消費税と支払った消費税を集計して、その差額を納めます（原則課税）。

個人事業者などにはこの計算負担が大きいため、課税売上高が5000万円以下なら、受け取った消費税から課税売上高に一定割合（みなし仕入率）を掛けた金額を差し引く簡易課税という方法も選べます。

こうした計算により消費税の確定申告書を作成して、翌年3月31日までに申告・納付します（原則）。

税金メモ **益税** 免税事業者は預かった消費税と支払った消費税の差額を、事業の収入にできる（益税）。ただし支払った消費税が多く還付を受けるには、課税事業者になることが必要。

個人の不動産賃貸・消費税確認チャート

前々年（基準期間）の課税売上高が 1000 万円超＊

＊または前年の1月から6か月の課税売上高が1000万円超など。

YES → NO →

消費税を納める（課税事業者）

「消費税課税事業者届出書」などを提出する（原則）。

> **P**OINT
> 上記の条件によらず課税事業者になることもできる（インボイス登録の場合など）。

消費税を納めなくてよい（免税事業者）

計算方法を選ぶ

原則課税
通常の消費税の計算を行う。

簡易課税
みなし仕入率（不動産業は40%）を使って計算する。

「消費税簡易課税制度選択届出書」を提出する。

消費税の確定申告・納付

注・消費税に関する届出書は、適用を受ける期間の開始前までに早めに提出する。

ひとくち COLUMN　免税事業者はインボイス制度に要注意

　令和5年10月にインボイス制度がスタートしました。インボイス制度に登録した「適格事業者」は消費税の適用税率等をあきらかにした「適格請求書」を発行し、消費税の納付額の計算で、支払った消費税額を差し引くという制度です（経過措置あり）。なお、適格事業者になれるのは課税事業者のみ。免税事業者は取引で不利となるため、課税事業者を選び、適格事業者になるかどうか検討が必要です。

帳簿から収支内訳書か青色申告決算書にまとめる

1年ごとに帳簿をまとめ、所得について確定申告する。
白色申告と青色申告では使用する書式や記入内容が異なる。

申告書類や帳簿には保存義務がある

　不動産所得がある人は、1年間の収支をまとめて税額を計算して、確定申告書により確定申告を行います。このとき、白色申告の場合は収支内訳書、青色申告の場合は青色申告決算書を作成します。いずれも「一般用」ではなく「不動産所得用」の書式を使います。現金主義（→113ページ）で帳簿をつくっている場合は「現金主義用」の書式を使います。e-Taxでの申請も可能です。このとき青色申告なら65万円控除を受けられる場合があります。

　申告書作成前には、1年間の帳簿にミスやもれがないか確認します。その上で不動産賃貸による収支を整理・集計して、収支内訳書または青色申告決算書に記入します。必要経費は内訳とともに、勘定科目ごとに金額をまとめます。青色申告決算書の貸借対照表は、簡易簿記（10万円控除）なら作成しなくてもかまいません。赤字なら、給与所得などと損益通算ができます。

　なお、申告書類や帳簿、必要経費の領収書などには、原則7年間の保存義務があります。

確定申告時の主な必要書類

☐ 確定申告書第一表、第二表

● 白色申告の場合
☐ 収支内訳書（不動産所得用）

● 青色申告の場合
☐ 青色申告決算書（不動産所得用）

● 純損失の繰越控除の
　適用を受ける場合
☐ 申告書第四表（損失申告用）

不動産賃貸の確定申告書　記入の流れとポイント①

※白色申告の例。

収支内訳書（不動産所得用）

1年間の不動産所得の内訳などを記入する。
表面、裏面が1セット。

表面

❶ 不動産所得の内訳を記入する。
・どの不動産を誰に貸しているかなど。

❷ 事業に従事する人について記入する。
・事業専従者は専従者控除を受けられる。

❹ 収入金額や必要経費を記入する。
・収入金額は①から転記して合計する。
・必要経費は、③や帳簿から勘定科目ごとに記入して合計する。
・不動産所得を計算する（収入金額−必要経費）。

裏面

❸ 必要経費について記入する。
・1年間の減価償却費を計算する。
・ローンの利子、修繕費などについて記入する。

注・国税庁ホームページ「確定申告書等作成コーナー」や e-Tax 利用の場合は、画面の案内にしたがって入力・作成する。

不動産賃貸の確定申告書　記入の流れとポイント②

確定申告書第二表

給与所得や所得控除などの内訳を記入する。

5 源泉徴収された所得について記入する。
・源泉徴収票などから転記する。

6 当てはまる所得控除などについて記入する。

確定申告書第一表

年間の収入（所得）や所得控除などを記入して、税額などを計算する。

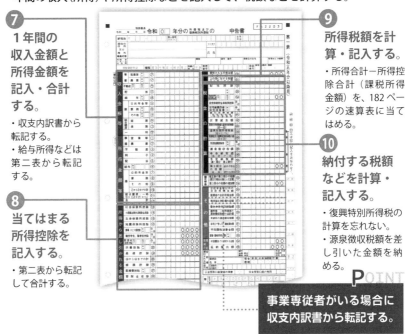

7 1年間の収入金額と所得金額を記入・合計する。
・収支内訳書から転記する。
・給与所得などは第二表から転記する。

8 当てはまる所得控除を記入する。
・第二表から転記して合計する。

9 所得税額を計算・記入する。
・所得合計－所得控除合計（課税所得金額）を、182ページの速算表に当てはめる。

10 納付する税額などを計算・記入する。
・復興特別所得税の計算を忘れない。
・源泉徴収税額を差し引いた金額を納める。

POINT
事業専従者がいる場合に収支内訳書から転記する。

青色申告なら青色申告決算書を使う

青色申告決算書（不動産所得用）

1年間の不動産賃貸による収支などを、損益計算書と貸借対照表にまとめる。1〜4ページ。

損益計算書（1〜3ページ）

1年間の不動産賃貸の収支について計算・記入する。

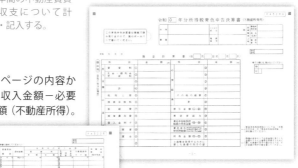

1ページ▶
帳簿と2、3ページの内容から記入する。収入金額−必要経費＝所得金額（不動産所得）。

◀2ページ
収入の内訳、支払った給料や専従者給与の内訳を記入する。

3ページ▶
1年間の減価償却費などを計算・記入する。

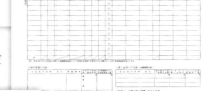

貸借対照表（4ページ）

事業全体の決算時点の状況をまとめる。

◀「資産の部」「負債・資本の部」それぞれについて、帳簿から勘定科目ごとに金額を記入して合計する。

POINT
簡易簿記なら貸借対照表は作成不要。

青色申告決算書の作成後、確定申告書第一表でほかの所得と合計して税額を計算する。

貸したときの税金 Q & A

Q1
期間限定で家を貸すことはできますか？

　あらかじめ賃貸期間を決めて家を貸す方法に、定期借家契約（リロケーション）があります。住宅を貸すときの契約期間について、満了時に更新のない契約です。転勤期間中の留守宅や、数年後に建て替え予定の建物などの有効活用ができます。ただし、借り主にとって一定期間しか住めないのはデメリットであるため、賃料は低く設定することになる可能性があります。

普通借家契約と定期借家契約の主な違い

	普通借家契約	定期借家契約
契約方法	書面などのほか、口頭でも可（書面などが望ましい）。	公正証書等の書面または電磁的記録による契約。定期借家契約であることの説明が必要。
契約期間	1年以上。	貸し主が決められる。1年未満も可。
更新の有無	原則としてあり。	なし（双方の合意により再契約は可能）。

Q2 帳簿で使う「勘定科目」とは何ですか

　勘定科目は、帳簿に取引などを記入する際のグループ分けの名称です。帳簿に記入する内容を勘定科目で区分することで、どんな支出が多くなっているかなどがひと目でわかります。適当なものがなければ自分でつくることもできます。一度「この取引はこの勘定科目」と決めたら、以降は常に同じ勘定科目を使うことが大切です。

不動産賃貸で使用する主な勘定科目（必要経費）

租税公課…事業にかかわる税金。

損害保険料
…賃貸する建物の火災保険料など。

修繕費…賃貸する建物の修繕費用。

借入金利子
…賃貸不動産購入のローン返済の利子。

減価償却費
…102 ページ参照。

消耗品費
…文房具や掃除用具など。

水道光熱費
…共用部分の電気代、水道代。

Q3 不動産賃貸の青色申告ではどんな帳簿が必要ですか

　簡易簿記（青色申告特別控除 10 万円）なら、現金や預金の出入りすべてを記録する「現金出納帳（預金出納帳）」、賃貸料などの収入を記入する「収入帳」、必要経費を記入する「経費帳」、減価償却資産を記入する「固定資産台帳」などを使います。

　複式簿記（青色申告特別控除 55 万円〈原則〉。事業的規模の場合）なら、これらの帳簿（補助簿）とともに、各帳簿をまとめる総勘定元帳と仕訳帳（主要簿）が必須になります。また、取引の記入時に「仕訳」*を行います。なお、帳簿は 7 年間の保存が義務づけられています。

＊1つの取引を借方、貸方という2つの側面から記録すること。

Q4 白色申告でも帳簿をつける必要がありますか？

　白色申告であっても、お金の動きを明らかにして正しく納税するために、帳簿をつくることが義務づけられています。帳簿の様式などに定めはないため、家計簿程度の簡単なものでかまいません。項目ごとに1日の合計金額を記入することも認められています。ただし、納品書や請求書、領収書などで内容を確認できることが必要です。

Q5 生活費（プライベート）との区別はどのようにしたらよいですか？

　事業用とプライベート用で口座を別にして、事業用のクレジットカードをつくります。事業に関する入出金はこの口座を使うようにすれば帳簿作成時にふり分ける必要がありません。事業とプライベートとの間でお金のやりとりは、「事業主貸」（事業のお金をプライベートで使用）、「事業主借」（プライベートのお金を事業で使用）という勘定科目で処理しましょう。

Q6 不動産賃貸ではインボイス登録が必要ですか？

　アパートなど居住用建物や土地を貸している場合は、そもそも賃料や地代に消費税がかからないため、インボイスの適格事業者になる必要性は小さいと思われます。事務所など事業用建物や駐車場スペース＊を貸している場合は消費税がかかります。貸し主が免税事業者のままなら、借り主は仕入税額控除を行えず消費税分の負担増となります。貸し主は消費税分の価格交渉に応じる、課税事業者を選択し適格事業者になって、これまでの賃料などを維持する（消費税の納付義務などが生じる）といった対応も検討しましょう。

＊舗装したり、フェンスをつけるなど整備されたもの。

第5章

贈

不動産を
贈与した／された
ときの税金

「タダ」でもらった財産には税金がかかる

贈与には贈与税がかかり、その税率は相続税より高い。
贈与に当たるケースを知って、お金のやりとりには注意する。

知らずに贈与となっているケースもある

贈与とは、無償で財産のやりとりをすることです。夫婦や親子間であっても、贈与をすれば贈与された財産には贈与税がかかります。現金だけでなく、不動産や家財、有価証券など金銭に換算できるものはすべて贈与税の対象です。完全な無償でなくても、ほとんど無利子の借金や、本来の価値より著しく低い価格で譲られた財産も贈与となります。

また、金銭の移動がなくても、親の不動産の名義を子に変更した場合や、不動産購入時の夫婦の持ち分割合が、負担した資金とバランスがとれていない場合なども贈与となります。気づかないうちに贈与をしてしまっているケースもあるのです。

親族間の生活費や教育費としてのお金のやりとり、冠婚葬祭の香典や祝儀、お中元・お歳暮などは、常識的な範囲の金額なら贈与税の対象にはなりません。なお、会社（法人）からの贈与は、贈与税でなく所得税などの対象です。

相続税より負担が大きい

贈与により財産を受け取った人（受贈者）は、1月から12月の1年間（暦年という）に贈与された金額が一定額以上になると、贈与税を納める必要があります。

贈与税には相続税を補完する役割があり、税率は相続税より高くなっています（贈与が相続税逃れに使われないようにするため）。

税金メモ 　**死因贈与**　贈与する人の死亡を条件に財産を贈る贈与もある（死因贈与）。確実に死因贈与を行うには「贈与契約書」を作成する。死因贈与は贈与税ではなく相続税の対象。

贈与税の対象になる場合、ならない場合

贈与税の対象になるケース

親などから借金返済を免除された、または返済実績がない
➤ 免除された金額やその借金自体が贈与となる。また、無利子や返済日が決まっていないなど常識的でない借金は贈与となる。

著しく低い金額で財産を購入した
➤ 時価などとの差額が贈与となる。

親などの不動産の名義を子などに変更した
➤ その不動産の価格が贈与となる。

親などから住宅購入資金の援助をされたのに、共有名義になっていない
➤ その資金援助は贈与となる。また資金に見合った持ち分になっていなければ、その部分が贈与となる。

保険料を負担していない人が保険金を受け取った
➤ 保険料を支払った人からの贈与となる。

贈与税の対象にならないケース

会社（法人）から受け取った財産
➤ 贈与税ではなく、所得税や住民税の対象となる。

生活費や教育費のために贈られた財産
➤ 必要以上の大きな金額や、受け取り後に貯金したりすると、課税対象になることもある。

相続の開始があった年の贈与
➤ 贈与された年に贈与した人が亡くなり相続が開始すると、贈与税ではなく相続税の対象となる。

贈与税は年110万円超の贈与にかかる

贈与税には110万円の基礎控除があり、この金額までは贈与税がかからない。一般税率になるか特例税率になるか要注意。

110万円の基礎控除がある

贈与税は1年単位で課税されます。これを暦年課税といいます。暦年課税には110万円の基礎控除があり、贈与された金額から差し引くことができます。つまり、1年間に贈与された金額が110万円を超えた場合に、贈与税がかかることになります。複数の人から贈与された場合、合計した贈与金額から110万円を差し引きます。贈与した人ごとに110万円を差し引けるわけではありません。

現金以外の財産は、原則として相続時の財産評価と同じ方法で金銭に換算して課税されます。不動産の場合、土地なら「路線価」や「倍率」、建物なら固定資産税評価額をベースに計算します（→158ページ）。

親や祖父母からの贈与は税率が軽減される

贈与税の税率は10～55％で、贈与金額が多いほど高くなる累進課税です。ただし、親や祖父母から18歳以上の子や孫への贈与であれば「特例贈与財産」となり、税率が優遇されます（特例税率）。それ以外の贈与は「一般贈与財産」として、一般税率が適用されます（→右ページ）。

一般贈与財産と特例贈与財産の両方の贈与がある場合（配偶者と親からの贈与など）は、両方を合計して一般税率により税額を出す→一般贈与財産の割合分の税額を算出（①）、両方を合計して特例税率により税額を出す→特例贈与財産の割合分の税額を算出（②）、①と②の合計が税額となります。

税金メモ **負担付贈与**　住宅の贈与を受ける代わりにその住宅ローンも負担するなど、何らかの負担を条件とした贈与。贈与金額から負担額を差し引いた価格に贈与税がかかる。

贈与税はこう計算する

1年間に贈与された金額	−	110万円	=	課税価格
		基礎控除		

課税価格 × 税率 − 控除額

= 贈与税額

贈与税の速算表

	課税価格		税率	控除額
一般税率		200万円以下	10%	−
	200万円超	300万円以下	15%	10万円
	300万円超	400万円以下	20%	25万円
	400万円超	600万円以下	30%	65万円
	600万円超	1000万円以下	40%	125万円
	1000万円超	1500万円以下	45%	175万円
	1500万円超	3000万円以下	50%	250万円
	3000万円超		55%	400万円
特例税率		200万円以下	10%	−
	200万円超	400万円以下	15%	10万円
	400万円超	600万円以下	20%	30万円
	600万円超	1000万円以下	30%	90万円
	1000万円超	1500万円以下	40%	190万円
	1500万円超	3000万円以下	45%	265万円
	3000万円超	4500万円以下	50%	415万円
	4500万円超		55%	640万円

贈与の証拠を 残しておくことが大切

生前贈与は上手に行えば節税に役立てられる。
相続した場合（相続税）との比較・検討が欠かせない。

特定の人に確実に財産を譲れる

　配偶者や子などに財産を引き継ぐ場合、亡くなってからの相続より、生きているうちに行う生前贈与のほうが有利な場合もあります。

　たとえば、110万円までの基礎控除を長期にわたって活用すれば、非課税で一定の財産を引き継ぐことができます。110万円ずつの贈与を10年間行えば1100万円です。配偶者や複数の子それぞれに贈与すれば、それだけ多くの金額を非課税で贈与できることになります。

　マイホーム資金の援助として住宅取得等資金贈与の非課税特例（→132ページ）、値上がりしそうな不動産なら相続時精算課税制度（→134ページ）など、贈与税の特例や制度の利用で税負担を軽減する方法もあります。

　生前贈与なら贈与する人の意思をしっかり反映できます。そのため、相続時のトラブル予防のための財産移転などもしやすくなります。

贈与の証拠を残しておく

　ただし、不動産の贈与は相続より登録免許税（→24ページ）が高く、相続ならかからない不動産取得税（→26ページ）がかかります。また、贈与では小規模宅地等の特例（→162ページ）が使えません。贈与した場合、相続にした場合それぞれの試算などが重要です。

　なお贈与をするときは、口座に振り込む、贈与契約書をつくっておくなど、贈与の証拠を残すようにしておきます。

税金メモ　**親からの借入金**　税務署に贈与とみなされないよう、借用書をつくる、常識的な条件にする（金額や返済期間、利子など）、確実に返済するといったポイントを押さえておく。

生前贈与を有効に活用する

生前贈与のメリット

特定の人に、確実に財産を渡せる

土地の権利が相続で分割されるのを避けたい、相続では不利になる人を優遇したいなど。

相続財産を減らすことができる

贈与の特例などを上手に活用して贈与することで、相続税対策になる場合がある。

相続より有利になる場合がある

不動産など、将来値上がりを見込めるものを現在の価格で贈与できる。

POINT

一般に、現金以外の財産は現金より低く評価される。そのため、実質的により大きな金額を贈与できる。

生前贈与の注意ポイント

贈与の証拠を残す	銀行振り込みにするなど、実際に贈与が行われたこと（時期や金額など）を証明できるようにする。贈与契約書を作成しておくとよい。
相手の承諾が必要	贈与を受ける本人が知らなかったり、贈与資金の通帳や印鑑を贈与した人が管理していると贈与とはならない。
相続財産と扱われることも	贈与した人が贈与から3〜7年以内*に亡くなると、その贈与金額は相続税の対象となる。贈与は早めに行うほうが安心。

＊ 令和6年1月からの贈与は7年以内（→ 12ページ）。

結婚20年以上のマイホームなら2000万円の贈与まで非課税

結婚20年以上ならマイホーム贈与を有利に行える。
マイホームを相続した場合との損得の比較が大切。

不動産だけでなく購入資金も可

通常、夫婦間であっても110万円を超える財産を贈与すれば、贈与税がかかります。しかし長年連れ添ってきた夫婦の財産は、協力してつくってきたものともいえます。

そこで、結婚20年以上の夫婦に対する優遇として、配偶者にマイホームまたはマイホームを取得する資金を贈与した場合、贈与金額から2000万円を差し引ける特例が設けられています(贈与税の配偶者控除)。

110万円の基礎控除も合わせて使えるため、合計2110万円の贈与まで贈与税がかかりません。また、この特例を利用した贈与は、相続開始前3年以内に行われたものでも相続財産に含める必要はありません。そのため相続税対策としても有効です。この非課税枠の範囲内で、持ち分を贈与するという利用のしかたが多いようです。

相続との兼ね合いで利用を判断する

この特例は、同じ夫婦の間で一度だけしか使えません。また、贈与の際は、登録免許税の税率が相続時より高く、相続ならかからない不動産取得税もかかります。一方、相続税には配偶者に1億6000万円の控除(→154ページ)があるため、将来の相続も視野に入れた試算が欠かせません。

適用を受けるには、税額がゼロになる場合も贈与税の申告が必要です。合わせて婚姻期間や夫婦関係を証明する書類を提出します。

税金メモ　**将来の売却の備えにも**　不動産を夫婦の共有にしておくと、マイホーム売却の際3000万円特別控除をそれぞれが使える。建物・土地両方にそれぞれの持ち分があることが条件。

贈与税の配偶者控除はこんなしくみ

結婚20年以上の夫婦間の贈与

マイホーム

または
マイホームの取得資金

2000万円まで贈与税がかからない
※110万円の基礎控除も受けられる。合計2110万円まで非課税。

主な適用条件

☐ 婚姻期間が贈与の時点で20年以上である。

☐ マイホームまたはマイホームの取得資金の贈与である
（土地だけの贈与も可）。

☐ 贈与の翌年3月15日までに入居しており、その後も引き続き居住する。

☐ 同じ配偶者との間で、過去にこの特例を受けていない。

ひとくち COLUMN 　教育資金や結婚資金にも特例がある

　資金贈与には、そのほかにもいくつかの特例があります。1500万円までの子や孫への教育資金贈与が非課税となる「教育資金の一括贈与の非課税特例」、1000万円までの結婚・子育て資金贈与が非課税となる「結婚・子育て資金の一括贈与の非課税特例」などです。いずれも、子や孫の年齢や所得に一定の条件があり、教育資金贈与は令和8年3月まで、結婚・子育て資金贈与は令和7年3月までの特例です。

マイホームの資金贈与なら 最大 1000 万円まで非課税

「親や祖父母からのマイホーム資金」は、特例により大きな金額を非課税で贈与できる。非課税枠は時期により変わる。

親や祖父母からの資金援助が有利になる

子や孫に対するマイホーム購入資金の援助は、基礎控除 110 万円以下なら贈与税はかかりませんが、大きな金額を贈与できません。住宅取得等資金贈与の非課税特例を利用すれば、直系の親や祖父母（配偶者の親や祖父母は不可）からのマイホームなどの購入資金贈与を、500 万円まで非課税にできます（一定条件を満たす質の高い住宅なら 1000 万円。令和 8 年 12 月までの金額）。令和 4 年 4 月以降、成年年齢の引き下げにともない 18 歳から制度を利用できることになりました。

特例の利用は、令和 8 年 12 月までに住宅取得等の契約を結ぶことが必要です。購入スケジュールに注意しましょう。

また、非課税枠は贈与される側に対するものです。たとえば祖父と父など、複数の人から贈与を受ける場合も合計で 500 万円（1000 万円）となります。

この特例を利用した非課税分の贈与については、相続財産に含める必要はありません。

相続時精算課税制度と併用できる

住宅取得等資金贈与の非課税特例は、贈与金額 2500 万円まで贈与税がかからずにすむ相続時精算課税制度（→ 134 ページ）との併用ができます。併用により、最大で合計 3500 万円を非課税で贈与できることになります（ただし、相続時精算課税分は相続時に相続税の対象となる）。

税金メモ **リフォームにも使える** リフォームでこの特例を使う場合は、工事費用が 100 万円以上で、耐震、省エネ、バリアフリーなど一定条件を満たすリフォームであることが必要。

住宅取得等資金贈与の非課税特例はこんなしくみ

親や祖父母から子や孫への贈与

マイホーム取得等
の資金

適用期間は令和8年12月の住宅取得等の契約まで

POINT

省エネ*、耐震、バリアフリーなど、一定条件を満たす質の高い住宅なら1000万円。

500万円まで非課税

令和4年4月   令和8年12月

＊断熱等性能等級5以上かつ一次エネルギー消費量等級6以上。中古住宅、令和5年までに建築確認を受けた住宅、令和6年6月までに建築された住宅は、断熱等性能等級4または一次エネルギー消費量等級4以上。

主な適用条件

● 贈与される人（受贈者）

☐ 18歳以上（贈与の年の1月1日時点）。

☐ その年の合計所得が2000万円以下。

☐ 贈与の翌年3月15日までに、新築・取得または増改築をして入居する。

☐ 原則として、贈与のとき日本国内に住所がある。

● 取得する住宅

☐ マイホームで、床面積が50㎡以上240㎡以下（その年の所得1000万円以下なら40m²以上）。

☐ ［中古住宅の場合］
昭和57年以降に建築された住宅である。
注・昭和56年以前に建築された住宅は新耐震基準に適合する証明が必要。

☐ ［増改築の場合］
工事費用が100万円以上。

2500万円以下の贈与を相続まで先送りできる

まとめ 60歳以上の親や祖父母からの贈与時点の課税を避けられる制度。取り消せないので損得をよく確認してから選択する。

贈与時に贈与税がかからずにすむ

相続時精算課税制度とは、贈与時に最大2500万円まで贈与税がかからず、将来の相続時にその贈与分を遺産に加えて、相続税を計算するという制度です。2500万円を超えた贈与金額は一律20％で課税されます（納めた贈与税分は相続税の計算で差し引ける）。

令和6年からは、この制度による贈与から年110万円を差し引くことができます（相続時精算課税制度の基礎控除*）。年110万円以下の贈与なら申告も不要です。この分は遺産に加える必要がありません。

この制度を利用できるのは、60歳以上の親・祖父母と18歳以上の子・孫という組み合わせに限定されています。

相続時精算課税制度のメリット

早期の財産移転ができるため、贈与されたお金をローン返済に充てることで金利負担を減らせたり、賃貸マンションを買うことで収益を得られるといったメリットがあります。また、相続の際は贈与したときの時価で遺産に加えることになるため、贈与後にその財産の価値が値上がりしていれば、相続税の計算で有利になります。

相続時精算課税制度を利用するには、税務署に届け出が必要です（「相続時精算課税選択届出書」→141ページ）。選択後は何度でも贈与できます。一度届け出をすると、その後の取り消しはできません。

税金メモ **年齢制限の例外** 相続時精算課税制度と住宅取得等資金贈与の非課税特例（→132ページ）を併用する場合は、上記の親・祖父母の「60歳以上」という条件はない。

＊ただし、暦年課税の基礎控除110万円は使えない。

相続時精算課税制度はこんなしくみ

60歳以上の親や祖父母から18歳以上の子や孫への贈与

現金や不動産などの贈与
（財産の種類は問わない）

POINT
贈与は何度でもできる。

合計2500万円まで贈与税がかからない。
● 2500万円は、年110万円を差し引いた後の金額。
● 2500万円を超えた贈与金額には、一律20%の贈与税がかかる。

（被相続人）

相続の開始

● 相続時精算課税制度による贈与金額（贈与時の価格）は、遺産に加えて相続税の計算をする。

● 納めた贈与税額があれば、相続税から差し引く。

POINT

相続税がかからない場合、2500万円までの贈与が実質非課税となる。

計算してみよう

暦年課税と相続時精算課税制度をくらべてみる

暦年課税と相続時精算課税制度では贈与税と相続税がどう変わるのか、制度のポイントを比較、計算例を見てみましょう。

暦年課税と相続時精算課税制度の比較

	暦年課税 （110万円の基礎控除）	相続時精算課税制度	
贈与する人 （贈与者）	条件なし	60歳以上の 親・祖父母	相続時精算課税制度には、贈与者と受贈者に年齢などの制限がある。
贈与される人 （受贈者）	条件なし	18歳以上の 子・孫	
非課税枠	毎年110万円まで。110万円を超えた部分の税額は10〜55%	合計2500万円まで（年110万円の基礎控除あり）。2500万円を超えた部分の税額は20%	どちらも贈与回数に制限なし。相続時精算課税制度なら、一度に多くの金額を贈与できる。
贈与税の申告	贈与金額が年110万円を超えたら申告する	贈与金額が年110万を超えたら申告する	
相続税との精算	不要	必要	マイホームの取得資金なら、この特例との併用で贈与税をより有利にできる。
住宅取得等資金贈与の非課税特例との併用	できる	できる （親・祖父母の年齢制限なし）	

注・令和6年の贈与から、暦年課税は相続開始前の最長7年前の分まで遺産に加えることになり、相続時精算課税制度では年110万円までの贈与は加算対象外。損得の比較は注意が必要。

暦年課税と相続時精算課税制度の計算例

条件
- 父、母、長男の 3 人家族。父の死亡による相続で、長男の納める税額を比較。
- 父の財産総額は 1 億円。長男への贈与以外で金額が変わらないものとする。長男は遺産の 1/2 を相続する。

暦年課税を活用
長男に年 125 万円ずつ 20 年間（合計 2500 万円）の贈与。相続開始前の加算対象贈与はなし。

贈与時
- 1 年間の贈与金額 125 万円－ 110 万円（基礎控除）＝ 15 万円
- 15 万円× 10%（税率）＝ 1 万 5000 円
- 1 万 5000 円× 20（年）＝ 30 万円（贈与税額合計）Ⓐ

相続時
- 1 億円（元の財産総額）－ 2500 万円＝ 7500 万円（遺産総額）
- 7500 万円－ 4200 万円（基礎控除）*1 ＝ 3300 万円
- 3300 万円× 1/2 ＝ 1650 万円（長男の法定相続分）*2
- 1650 万円× 15%－ 50 万円（税率と控除額）
- ＝ 197 万 5000 円（長男の相続税額）Ⓑ

> 長男が納める税額はⒶ＋Ⓑ＝ 227 万 5000 円

相続時精算課税制度を利用
長男に 2500 万円を一括贈与。

贈与時
- 贈与金額 2500 万円－ 110 万円（基礎控除）＝ 2390 万円
- 2390 万円－ 2500 万円（控除分）＝ -110 万円（贈与税は 0 円）Ⓐ

相続時
- 2390 万円（相続時精算課税制度による贈与分）
  ＋ 7500 万円（残った財産）＝ 9890 万円（遺産総額）
- 9890 万円－ 4200 万円（基礎控除）*1 ＝ 5690 万円
- 5690 万円× 1/2 ＝ 2845 万円（長男の法定相続分）*2
- 2845 万円× 15%－ 50 万円（税率と控除額）
- ＝ 376 万 7500 円（長男の相続税額）Ⓑ

> 長男が納める税額はⒶ＋Ⓑ＝ 376 万 7500 円

このケースでは暦年課税が有利
- 暦年課税は、1 年に 110 万円までで 20 年という長期間が必要。
- 相続税がかからなければ、相続時精算課税制度の場合は税額ゼロ。

↓

ケースによって結果は変わるので要試算

*1 相続税の基礎控除→ 3000 万円＋ 600 万円× 2 ＝ 4200 万円
*2 法定相続分で分割するものとして母の計算は省略。

贈与された翌年の 3月15日までに申告する

まとめ

贈与税の申告は確定申告とは別に行う。
必要な申告書類は、適用を受ける特例などによって変わる。

適用を受ける制度により書類が異なる

　贈与された人は、その翌年の2月1日〜3月15日までに贈与税の申告により贈与税を納めます。所得税の確定申告とは別の手続きです。申告先は贈与された人の住所を管轄する税務署です。

　贈与税の申告書第一表に贈与金額などをまとめます。住宅取得等資金贈与の非課税特例の適用を受けるなら第一表の二、相続時精算課税制度の適用を受けるなら第二表を合わせて使います。併用ならどちらも必要です。

　特例税率適用で、贈与金額−110万円が300万円を超える場合は、原則として戸籍謄本（抄本）の添付が必要になります。その他、利用する特例ごとの添付書類に注意します。一度の納付が難しい場合は、延納申請書と担保に関する書類を提出することで5年以内の延納（分割納付）が可能です。

　また、e-Taxによる申告や納付も可能です（→52ページ）。

贈与税の申告時の必要書類

- 適用を受ける特例などに応じて

☐ 贈与者や受贈者の戸籍謄本（抄本）

☐ 贈与者や受贈者の住民票の写し

☐ 対象不動産の登記事項証明書

☐ 源泉徴収票　など

☐ 贈与税の申告書第一表

- 住宅取得等資金贈与の非課税特例を利用

☐ 贈与税の申告書第一表の二（住宅取得等資金の非課税の計算明細書）

- 相続時精算課税制度を利用

☐ 贈与税の申告書第二表（相続時精算課税の計算明細書）

☐ 相続時精算課税選択届出書（初回のみ）

贈与税の申告書　記入の流れとポイント

※暦年課税のみの場合

贈与税の申告書第一表

贈与税額を計算・記入する。

POINT

贈与された年月日の
記入を忘れない。

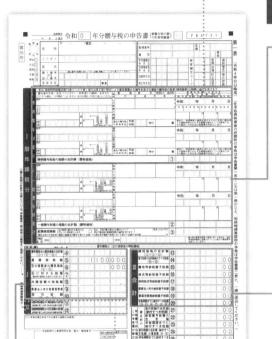

①

1年間の贈与に
ついて記入する。

・贈与した人ごとに、贈与
された財産の内容、金額な
ど。

・住宅取得等資金贈与の非
課税特例利用なら、適用後
の金額を記入する（第一表
の二から転記）。

・贈与税の配偶者控除利用
なら、その金額を計算・記
入する。

・特例贈与財産と一般贈与
財産は、記入欄が分かれて
いるので注意。

③

納付する税額を
記入する。

POINT

相続時精算課税制度利用なら、こ
の欄に記入する（第二表から転記）。

②

贈与税額を計算・
記入する。

・基礎控除額を差し引く。

暦年課税や贈与税の配偶
者控除だけなら、申告書
はこの1枚でOK！

第5章　不動産を贈与した／されたときの税金

注・国税庁ホームページ「確定申告等作成コーナー」利用の場合は、画面の案内にしたがって入力・
作成する。

住宅取得等資金贈与の非課税特例なら第一表の二を使う

贈与税の申告書第一表の二
（住宅取得等資金の非課税の計算明細書）

特例を受ける贈与の内容や
金額などを計算・記入する。

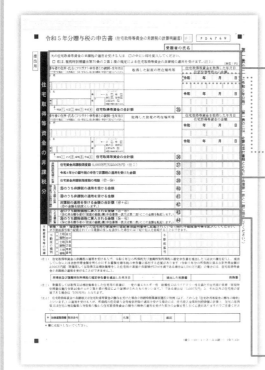

1

特例を受ける贈与について記入する。

・贈与した人、取得した不動産、金額など。

POINT

贈与された年月日の記入を忘れない。

2

非課税となる金額について記入する。

・非課税限度額を記入する（住宅の性能により異なる）。

・非課税となる金額を計算・記入する。

3

特例適用後の贈与金額を記入する。

・この金額に贈与税がかかる（第一表に転記する）。

住宅取得等資金贈与の非課税特例のみの利用なら第一表＋第一表の二、相続時精算課税制度と併用なら第一表＋第一表の二＋第二表を使います。

相続時精算課税制度なら第二表を使う

贈与税の申告書第二表
（相続時精算課税の計算明細書）

制度を利用する贈与の内容や金額などを計算・記入する。

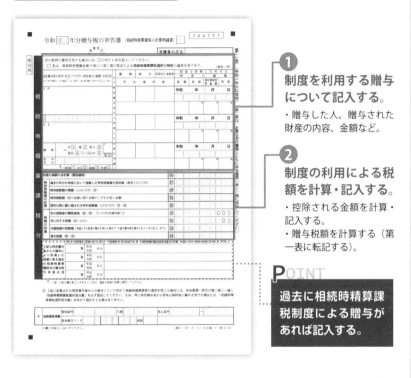

1 制度を利用する贈与について記入する。

・贈与した人、贈与された財産の内容、金額など。

2 制度の利用による税額を計算・記入する。

・控除される金額を計算・記入する。
・贈与税額を計算する（第一表に転記する）。

POINT

過去に相続時精算課税制度による贈与があれば記入する。

初回の申告時には「選択届出書」も提出する。

・今後この制度を利用することになる贈与者と受贈者について記入する。翌年以降の申告では提出の必要なし。

相続時精算課税選択届出書▶

贈与した／されたときの税金 Q&A

Q1
親の家を子の資金でリフォームすると、その資金は贈与税の対象になりますか？

同居などにともない、親名義の家を子が費用を出してリフォームしたという場合、そのリフォームにかかった費用は子から親への贈与として、贈与税の対象となります。これを避けるには、子が負担した金額分を持ち分割合として、所有権を変更する登記を行う方法などがあります。

Q2
親の土地に家を建てるとき、贈与税は必要ですか？

親の所有する土地を無償で借りて家を建てる場合、通常地代や権利金のやりとりは行われません。これを「使用貸借」といい、贈与税の対象にはなりません。ただし使用貸借の場合、将来の相続では自用地（更地）として評価されることになり、貸家建付地などの評価減（→ 160 ページ）は適用されません。その分相続税が割高となります。

家族といえども、不動産にかかわるやりとりには十分な注意が必要なのね。

Q3

夫婦間のお金のやりとりも
贈与税の対象になるのですか？

　夫婦間であっても、貴金属や車など、基礎控除110万円を超える贈り物は贈与税の対象となります。これは不動産も同様ですが、マイホームの場合は結婚20年以上の夫婦なら贈与税の配偶者控除（→130ページ）の利用で税額を抑えることもできます。

　また、夫から渡された生活費を貯めた「へそくり」も、金額によっては贈与となり、贈与税の対象となる可能性があります。

Q4

離婚時の財産分与に贈与税はかかりますか？

　離婚による財産分与には、通常贈与税はかかりません。財産分与は、夫婦の財産の清算や離婚後の生活保障のためのものだからです。ただし、分与された財産の額が多すぎる場合や、離婚が税金逃れとみなされた場合は、贈与税が課税されることがあります。

　財産分与が不動産で行われた場合には、分与した人に分与したときの不動産の時価を収入金額として、所得税がかかることがあります。このとき条件を満たせば、3000万円の特別控除などの適用を受けられます。

財産分与と税金

財産分与

現金など

税金はかからない。

不動産

贈与税はかからないが、分与した人に所得税がかかる。

なお、所有権移転登記に登録免許税がかかる。財産分与でなく慰謝料なら不動産取得税がかかる。

路線価図の見方を教えてください

　贈与税や相続税の計算で使われる路線価図は、国税庁ホームページの「路線価図・評価倍率表」などで確認できます。路線価図では日本全国の市区町村が一定区域ごとに分けられており、見たい区域をしぼり込んで表示できます（ダウンロードや印刷もできる）。

　地図の道路上に記載された数字が、その道路に面する土地の路線価です（1㎡当たり・1000円単位）。数字の後ろについたアルファベットは、その土地に借地権がある場合の計算で用いる借地権割合です。

路線価図の見方

- 金額を囲む○や□は地区区分（ビル街地区、商業地区など）を表す記号（囲まれていなければ「普通住宅地区」）。
- 地区区分がある場合、補正率を掛けて計算する。記号に「黒塗り」や「斜線」がある場合、地区区分の適用範囲を示す（くわしくは路線価図の「路線価図の説明」を参照）。

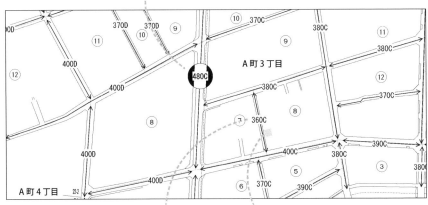

- 1㎡当たりの価額が1000円単位で表示されている。
- A〜Gは借地権割合を表す（90〜30%）。

例 路線価360Cで100㎡の賃貸アパートの敷地（貸家建付地）なら、360C→1㎡当たり36万円、借地権割合は70%。
36万円×100㎡×（1−0.7×0.3＜借家権割合＞）＝**2844万円**

第6章

不動産を相続したときの税金

不動産など財産を相続すると税金がかかる

まとめ 財産を相続した場合には相続税がかかる。税額の計算には、財産内容の把握や遺産分割など、手間のかかる作業が必要になる。

10か月以内に遺産分割を決めて申告する

ある人（被相続人）が亡くなって、その配偶者や子など（相続人）が残された財産（遺産）を引き継ぐことを相続といいます。引き継いだ遺産には相続税がかかります。相続税の額は遺産がいくらあるのかで決まり、相続人が計算して申告・納付します。その期限は、被相続人が亡くなった日（相続開始日）＊の翌日から10か月です。

相続開始後、相続人はまず遺言書の有無を確認します。次にどんな遺産がどれだけあるか、遺産を相続できる相続人が誰なのか調べます。遺産の分け方は、遺言書があれば原則としてその内容にしたがいますが、遺言書がない場合は相続人全員で話し合います（遺産分割協議）。相続税額は、相続人それぞれが相続する遺産の金額により分担します。

改正で課税されるケースが増えた

相続税には、「3000万円＋600万円×法定相続人の数」という基礎控除があります。控除額は相続人の数が増えるほど多くなるしくみです。遺産の合計から基礎控除を差し引き、残った金額に相続税がかかります。つまり、遺産の総額が基礎控除以下なら相続税はかかりません。

基礎控除の額は、平成27年に行われた相続税の改正により、大きく引き下げられました。そのため、以前より多くの人が相続税の課税対象になっています。

税金メモ **遺贈** 遺言によって財産を譲ることを遺贈という。「相続」は法定の相続人に限られるが、遺贈ではそれ以外の人にも財産を渡すことができるといった違いがある。

相続の流れを確認しておこう

被相続人の死亡 → **相続の開始**

遺言書の有無を確認する
・あれば家庭裁判所の検認などを受ける。

相続人を確定させる
・被相続人の戸籍謄本などで調べる。

財産を把握してリストにする
・遺産を金銭に評価する。

遺産分割について話し合う
・遺言書があれば、その内容に基づき遺産を分割する。
・遺産分割協議を行い、遺産分割協議書を作成する。
・準確定申告（被相続人が亡くなった年の所得に対する確定申告）をする。
・納付する相続税額を算出する。

POINT
基礎控除以下なら相続税はかからない。

10か月以内 相続税を申告・納付する
・相続税の申告書を作成する。
・相続した財産の登記や名義変更を行う（すみやかに）。

相続税の基礎控除額の計算

> ### 3000万円 ＋ 600万円 × 法定相続人の数

基礎控除額 ≧ 遺産　➡　相続税はかからない

基礎控除額 ＜ 遺産　➡　相続税がかかる（基礎控除を差し引いた金額）

配偶者と子どもは必ず相続人になれる

財産を相続できる人や順番（順位）、割合は、民法で基本ルールが定められている。遺言書がない場合、このルールを基準に分割する。

相続では配偶者が最優先される

被相続人（亡くなった人）の遺産を相続する権利がある人を、相続人（法定相続人）といいます。相続人は、被相続人との関係に応じてその範囲と相続できる順位（第1～3順位）が民法で定められています（右ページ図）。先の順位の人がいる場合、後の順位の人は遺産を相続できません。たとえば、被相続人に配偶者と子がいれば、親や兄弟姉妹は相続人になれません。

本来相続人になるはずの人が亡くなっている場合は、第1順位では孫やひ孫、第2順位では祖父母、第3順位ではおい・めいが相続人となることができます。

遺言がない場合、それぞれの相続人が相続する割合は、民法で定められた法定相続分が基準になります（→186ページ）。法定相続分では配偶者が優先されます。相続人が配偶者と子なら配偶者が1/2、相続人が配偶者と親なら配偶者が2/3、相続人が配偶者と兄弟姉妹なら配偶者が3/4を相続できます。

相続税がかからない財産もある

遺産については、相続税がかかる範囲に注意します。金銭に換算できる財産は原則としてすべて遺産ですが、墓地や墓石、仏壇、仏具などは相続税の対象外です。被相続人の死亡により支払われる生命保険金や死亡退職金（「500万円×法定相続人の人数」の非課税枠あり）や、相続開始前3～7年以内*に贈与された資産は、相続税の対象となります。

税金メモ **みなし相続財産** 上記の生命保険金や死亡退職金は、厳密には被相続人の残した遺産ではないが、税務上は遺産の一部として扱われる。そのため、みなし相続財産といわれる。

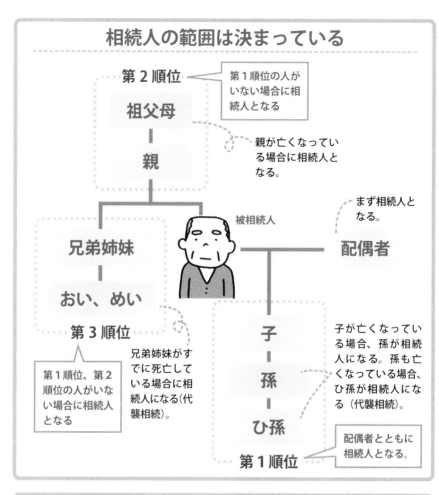

相続人の範囲は決まっている

第2順位

祖父母

第1順位の人が
いない場合に相
続人となる

親

親が亡くなってい
る場合に相続人と
なる。

被相続人

まず相続人と
なる。

兄弟姉妹

配偶者

おい、めい

第3順位

兄弟姉妹がす
でに死亡して
いる場合に相
続人になる（代
襲相続）。

第1順位、第2
順位の人がいな
い場合に相続人
となる

子

孫

ひ孫

子が亡くなってい
る場合、孫が相続
人になる。孫も亡
くなっている場合、
ひ孫が相続人にな
る（代襲相続）。

配偶者とともに
相続人となる。

第1順位

相続税の対象になる財産をチェック

☐ 現金、預貯金
☐ 不動産
☐ 有価証券（株式、債券、
投資信託など）
☐ 貸付金、売掛金など
☐ 家庭用財産（車、家具、
貴金属、書画骨董など）

☐ 相続財産とされるもの（みなし相続財
産）
→生命保険金（生命保険契約の権利含
む）、死亡退職金など
☐ 借金や未払い金（マイナスの財産）

● 非課税財産
☐ 墓、仏壇・仏具、神棚・神具など
☐ 国や地方公共団体などに寄附した財産

相続税総額を算出してから相続人ごとに割りふる

相続税の計算は、①法定相続分で総額を算出、②実際の相続割合で各相続人に割りふるという手順で行う。

まず遺産全体の税額を計算する

相続税の計算は、すべての遺産を金銭に換算（評価）して、遺産の総額を明らかにすることから始めます。借金などのマイナスの財産、葬儀費用などはここから差し引きます。

この遺産総額から基礎控除（3000万円＋600万円×法定相続人の数）を差し引いた金額を課税遺産総額といいます。課税遺産総額がプラスなら相続税がかかることになります。

まず、課税遺産総額を法定相続分（→186ページ）で分割したものとして、各相続人の税額を計算します。次にその税額を合計します。この合計額が遺産全体に対する相続税の総額となります。つまり、実際の遺産分割がどのように行われても、相続税の総額は変わりません。

この相続税の総額を、実際に各相続人が取得した遺産の金額により按分します。なお、相続人が税額控除（→154ページ）の条件に当てはまる場合は、その人が納める税額から一定額を差し引くことができます。

税率は取得する金額により10%から55%

相続税の税率は、10%から最大55%まで8段階に分かれています。金額が多いほど税率が上がる累進課税です。

実際に相続税の負担が生じるのは、亡くなった人の9％程度です。ただし、大きな金額になることも多く、生前からの備えや節税対策が重要です。

税金メモ　**遺留分**　兄弟姉妹を除く相続人は、遺留分として最低限の相続割合が保障される（相続人全体で遺産の1/2が基本→186ページ）。遺留分を侵害された場合、その権利を金銭で請求できる。

相続税の計算の手順

1 遺産を合計する
（遺産総額）

相続開始前3〜7年以内*の贈与金額を加える。

マイナスの財産を差し引く。

*令和6年以降の贈与から7年以内（令和9年の相続から影響が始まる）。

2 基礎控除
（→146ページ）を
差し引く

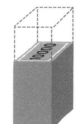

- 課税遺産総額を算出する。

3000万円＋600万円×法定相続人の数

法定相続分の例

相続人が配偶者と子2人なら、配偶者1/2、子1/4、子1/4。

3 相続税の総額を算出する

- 法定相続分で分割した場合の、各相続人の税額を計算する（税率→153ページ）。
- 計算した税額を合計する（相続税の総額）。

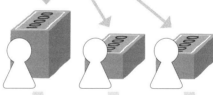

税額を計算　　税額を計算　　税額を計算

4 各相続人の税額を算出する

- 実際の相続割合に応じて税額を分ける。
- それぞれに税額控除を差し引く。

相続税の総額

実際に各相続人が納める相続税額。

計算してみよう

相続税の計算の流れを
自分で確認

相続税の計算は、注意が必要なポイントが多くなかなか面倒です。
概算でよいので実際に計算してみましょう。

1 課税遺産総額を計算する

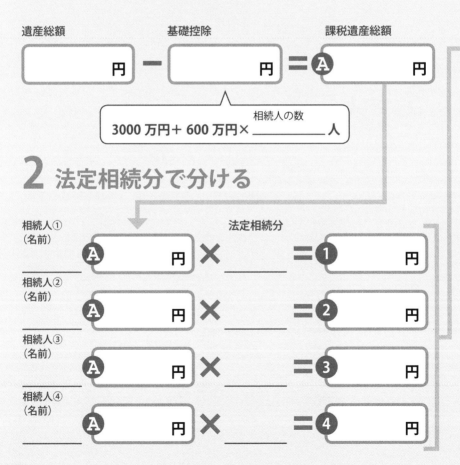

遺産総額

[　　　　　　円] － 基礎控除 [　　　　　　円] ＝ Ⓐ 課税遺産総額 [　　　　　　円]

3000万円＋ 600万円× _____人 （相続人の数）

2 法定相続分で分ける

相続人①
（名前）
_____

Ⓐ [　　　　円] × ___ = ❶ [　　　　円]

相続人②
（名前）
_____

Ⓐ [　　　　円] × ___ = ❷ [　　　　円]

相続人③
（名前）
_____

Ⓐ [　　　　円] × ___ = ❸ [　　　　円]

相続人④
（名前）
_____

Ⓐ [　　　　円] × ___ = ❹ [　　　　円]

法定相続分

相続税の速算表

各相続人の取得金額	税率	控除額	各相続人の取得金額	税率	控除額
1000 万円以下	10%	－	1 億円超 2 億円以下	40%	1700万円
1000 万円超 3000 万円以下	15%	50 万円	2 億円超 3 億円以下	45%	2700万円
3000 万円超 5000 万円以下	20%	200 万円	3 億円超 6 億円以下	50%	4200万円
5000 万円超 1 億円以下	30%	700 万円	6 億円超	55%	7200万円

3 相続税の総額を計算する

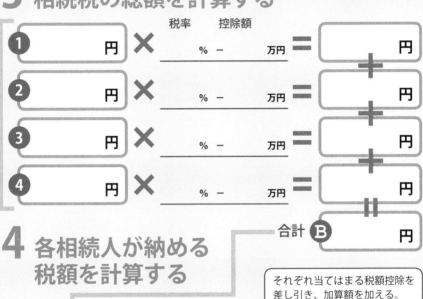

税率　　控除額

❶ 　　　　円 × 　　% − 　　万円 ＝ 　　　　円

❷ 　　　　円 × 　　% − 　　万円 ＝ 　　　　円

❸ 　　　　円 × 　　% − 　　万円 ＝ 　　　　円

❹ 　　　　円 × 　　% − 　　万円 ＝ 　　　　円

合計 B 　　　　円

4 各相続人が納める税額を計算する

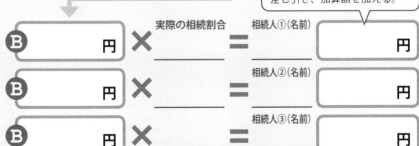

それぞれ当てはまる税額控除を差し引き、加算額を加える。

実際の相続割合

B 　　　　円 × ＿＿＿＿ ＝ 相続人①（名前）　　　　円

B 　　　　円 × ＿＿＿＿ ＝ 相続人②（名前）　　　　円

B 　　　　円 × ＿＿＿＿ ＝ 相続人③（名前）　　　　円

B 　　　　円 × ＿＿＿＿ ＝ 相続人④（名前）　　　　円

第6章 不動産を相続したときの税金

配偶者などは税負担を軽くできるしくみがある

各相続人の条件により、税額から一定額を差し引くことができる。
特に配偶者に対する税額控除は大きなものとなっている。

配偶者には大きな軽減措置がある

税額控除とは、一定条件に当てはまる場合、税額から一定額を差し引けるしくみです（所得税では住宅ローン控除など）。相続税にも右ページの6種類の税額控除があります。

なかでも配偶者については、被相続人の財産形成に大きな貢献があったとされ、負担を大幅に軽減できます（配偶者の税額軽減）。

具体的には、配偶者が取得した遺産のうち、配偶者の法定相続分相当額または1億6000万円のどちらか多いほうまで相続税がかかりません。適用を受けるには相続税の申告が必要です（税額がゼロになる場合も申告する）。また、控除額は配偶者が相続した金額で決まるため、遺産分割の内容が決まっていないと適用を受けられません。

相続開始前3～7年以内の贈与に注意

相続開始前3～7年以内*に贈与された財産は相続税の対象ですが、贈与時に贈与税を納めている場合、その贈与税分は相続税から差し引けます。これを贈与税額控除といいます。相続税との二重課税を防ぐためのものです。

その他、未成年者や一定の障害者に対する税額控除などがあります。また控除とは逆に、兄弟姉妹や孫（代襲相続の場合を除く）、おい・めいなど、配偶者や親子以外の人が財産を取得した場合、相続税額にその20％相当額を上乗せして納めることになります（相続税の2割加算）。

税金メモ **修正申告／更正の請求** 本来払うべき税額より少なく申告した場合は「修正申告」、多く払い過ぎた場合には「更正の請求」により、申告内容を訂正できる。

こんな税額控除がある

名称	対象	内容
配偶者の税額軽減	配偶者（内縁の妻を除く）	相続する財産が法定相続分相当額、または1億6000万円までなら相続税がかからない。
贈与税額控除	相続開始前3〜7年以内に、被相続人からの贈与で贈与税を納めた人 被相続人との間で相続時精算課税制度を選択して贈与税を納めた人	贈与税額を差し引ける（二重課税の防止）。
未成年者控除	18歳未満の相続人	（18歳−相続開始時の年齢）×10万円を差し引ける。
障害者控除	85歳未満で障害のある相続人	（85歳−相続開始時の年齢）×10万円（特別障害者は20万円）を差し引ける。
相次相続控除	10年以内に2回目の相続があった場合	2回目の相続時に1回目の税額の一部を差し引ける。
外国税額控除	外国にある財産を相続した人	その国に納める相続税に当たる税金分を差し引ける（二重課税の防止）。

上手に活用しないと損ね。

● 税額に加算される場合もある

相続税の2割加算	主に被相続人の配偶者、親、子以外で財産を取得した人	税額の20％相当額を加算する。

遺産の分割方法は
相続人が話し合って決める

相続人全員参加で書面にまとめる

　相続人全員で遺産の分け方を決める話し合いを、遺産分割協議といいます。遺産分割協議で決まった内容は、遺産分割協議書にまとめます（相続人分を作成し、全員が署名・押印する）。遺産分割内容を証明する重要書類です。

遺産分割には４つの方法がある

1 指定分割

被相続人の遺言により分割する（協議分割より優先される）。

2 協議分割

相続人の話し合い（遺産分割協議）により分割する。

協議などがまとまらない場合

3 調停分割

家庭裁判所を通して（調停）、相続人が話し合って分割する。

調停がうまくいかない場合

4 審判分割

家庭裁判所の審判により分割方法が決められる。

被相続人の遺言書があり、その内容にしたがって指定された人が財産を受け取る場合は、協議や遺産分割協議書は必要ありません。

　相続人の間で遺産分割協議がまとまらない場合は、家庭裁判所に申し立てをして、調停や審判により遺産分割を決めることもできます。

できるだけ公平な分割方法を工夫する

　遺産分割協議を円満にまとめるためには、相続人全員の法定相続分を尊重しつつ、お互いの事情や状況を考慮することが大切です。1人でも同意しない人がいれば協議は成立しません。

　遺産に不動産などがある場合は、換価分割や代償分割といった現金を活用する方法もあります。

遺産の分け方も工夫できる

現物分割

遺産をそのままの形で分ける。わかりやすく簡単だが、公平に分けづらい場合がある。

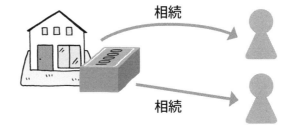

換価分割

遺産の一部またはすべてを売却して現金を分ける。公平に分割できるが現物を処分することになる。売却時には所得税がかかる。

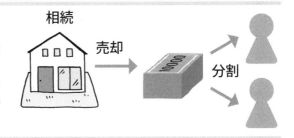

代償分割

ある相続人が遺産を現物で受け取り、他の相続人に現金を支払う。現物を受け取る相続人に支払い能力が必要。

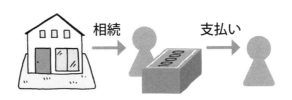

不動産の評価

建物、土地それぞれに 「評価」 のルールがある

 一般に遺産の多くを占める不動産の評価は、固定資産税評価額で 行うほか、土地は路線価という価格も使用する。

財産はリストにして 「評価」 する

　公平な遺産分割と正確な相続税計算には、遺産の総額をはっきりさせることが第一です。現金や預貯金、株式、車、不動産など、被相続人の財産はもれなくリストアップします。被相続人が遺言書を残している場合も、遺産内容にもれや間違いがないかチェックが必要です。現金以外の遺産は、原則として相続開始時の時価により金銭に換算します。

路線価方式と倍率方式がある

　不動産の場合、建物は基本的に建物の固定資産税評価額（→ 59 ページ）がそのまま相続税の評価額となります。

　土地には 2 つの評価方法があります。まず路線価方式は、道路ごとにつけられた路線価により評価する方法です。その土地の 1 ㎡当たりの路線価に土地面積を掛けて評価額を算出します。なお計算時に、その土地の形や奥行きの長さ、間口の広さなどに応じた補正を行います。路線価方式による評価額は、一般に時価（実勢価格）の 80％程度です。

　路線価が定められていない土地は倍率方式により評価します。その土地の固定資産税評価額に、地域や土地の種類ごとに定められた倍率を掛けて計算する方法です。

　固定資産税評価額は、市町村（東京 23 区は都）の固定資産課税台帳（→ 60 ページ）や納税通知書で確認できます。

税金メモ　**建築中の建物**　建物を建築中に被相続人が亡くなったケースでは、相続開始日までにかかった費用（工事進捗度に対応する建築費用）の 70％が評価額となる。

注・令和 6 年 1 月から、1 室あたりのマンション（居住用）の評価では、評価水準が時価の 6 割に満たない場合、時価の 6 割になるよう調整される。

不動産の評価の基本

建物の評価

建物の固定資産税評価額 × 1.0

POINT

建物、土地とも、建物の利用状況（貸している、または借りているなど）により、評価額は異なる（→160ページ）。

土地の評価

路線価方式

道路ごとの価格（路線価）による計算式（市街地など）。

1 ㎡当たりの路線価 × 土地面積

宅地の形状や道路への接し方により「画地調整率」*を掛けて調整する。毎年改定される。

＊土地の形や奥行き、間口の広さ、角地かどうかなどにより、一定割合が定められている。

路線価と倍率は、国税庁「路線価図・評価倍率表」(https://www.rosenka.nta.go.jp/)で調べることができます。

倍率方式

路線価のない土地で使われる計算式。

土地の固定資産税評価額 × 倍率

原則として3年に一度改定される。

国税庁が、土地の地目（宅地、田、山林など）ごとに定める。毎年改定される。

貸している不動産なら評価額が下がる

他人に貸している土地や建物の場合には、
借り主の権利の分だけ、評価が下がることになる。

利用のしかたで評価額が変わる

不動産には、被相続人自身が所有して住んでいた不動産だけでなく、人に貸している建物や土地もあります。貸している建物や土地には借りている人に一定の権利があるため、売買などが制限されます。そのため財産としての価値は下がり、評価額も低くなります。

評価額の計算方法は、土地を貸している場合、建物と土地をセットで貸している場合、建物を貸している場合によって異なります。

なお、被相続人が建物や土地を借りていたという場合には、その権利（借家権や借地権）を財産として評価することになります。

税金面では賃貸不動産が有利

貸している土地に他人が建物を建てている場合、その土地を貸宅地といいます。その土地には借りている人の借地権があり、評価額の計算ではその借地権分を差し引きます。借地権割合は、住宅地ならその土地に対する権利の60 ～ 80％程度です。建物を貸している場合は貸家となり、建物を借りている人の借家権分を差し引きます。借家権割合は原則30％です。

所有する土地にアパートやマンションを建てて人に貸している場合、その土地を貸家建付地といいます。この場合借地権はありませんが、土地にも建物を借りている人の権利が及ぶものと考え、借地権割合に借家権割合を掛けた割合を差し引くことになります。

税金メモ　**定期借地権の評価**　あらかじめ期限が設定された定期借地権は、その契約内容により評価が変わる。借り主が定期借地権で得る利益とその期間から計算することになる。

利用のしかたが評価額に大きく影響する

貸宅地（底地） 貸している土地（建物などは第三者の所有）。

第三者の所有

通常の土地の評価額から
借地権の価格を差し引ける。

評価額の計算式
通常の評価額×（1－借地権割合）

路線価方式、倍率方式などで計算する。 地域により異なる。

貸家 貸している建物。

通常の建物の評価額から
借家権の価格を差し引ける。

評価額の計算式
通常の評価額×（1－借家権割合）

建築価格の50〜70％程度。 原則30％

注・空き室などがある場合は、その床面積分を差し引いた「賃貸割合」を掛ける。

貸家建付地 貸家のある自分の土地。

貸家

通常の土地の評価額から
借地権と借家権分の価格を差し引ける。

評価額の計算式
通常の評価額×（1－借地権割合×借家権割合）

路線価方式、倍率方式などで計算する。 地域により異なる。 原則30％

注・空き室などがある場合は、その床面積分を差し引いた「賃貸割合」を掛ける。

住んでいる家の土地は 評価額を 80% 下げられる

被相続人のマイホームや事業用不動産などは、一定面積まで
大きな軽減措置がある。条件に要注意。

被相続人のマイホームは税金が大きく軽減される

　小規模宅地等の特例とは、一定条件に当てはまる被相続人の不動産（土地）の評価額を 50 〜 80% 減額するという相続税の特例です。

　遺された家族などの生活や収入の基盤となる不動産にもかかわらず、相続税のために売却せざるを得ないといったことを防ぐためのものです。適用される土地には、居住用、事業用、貸付事業用の３タイプがあります。

　まず、被相続人や生計を共にしていた親族が住んでいた土地は、特定居住用宅地として 330㎡ までの評価額が 80% 減額されます。つまり、330㎡ までの評価額は本来の 20% ですむことになります。

事業用の宅地にも使える

　事業などで使われていた不動産も特例の対象です。被相続人や生計を共にしていた親族が事業を営んでいた土地は、特定事業用宅地として 400㎡ までの評価額が 80% 減額されます。

　不動産賃貸などの貸付用の場合は、貸付事業用宅地として 200㎡ までの評価額が 50% 減額されます。

　相続税対策としてとても有用な制度ですが、いずれの場合も適用条件（主なものは右ページ）に十分注意します。

　適用を受けるには相続税の申告が必要です（税額がゼロになる場合も申告する）。ただし、期限までに遺産分割が確定している必要があります。

税金メモ　**特定同族会社事業用宅地**　被相続人や生計を共にしていた親族が株式の過半数を所有する会社の事業で使われていた土地。特定事業用宅地と同様の扱いとなる。

適用を受けられる土地は3種類

1 特定居住用宅地

被相続人（または被相続人と生計を共にしていた親族）が住んでいた土地。**上限は330㎡**。

主な適用条件

☐ 配偶者が相続する場合は特に条件なし。

☐ 同居していた親族が相続する場合は、
引き続き住み続け、その後*も所有する。
＊申告期限まで。

☐ 別居していた親族が相続する場合は、

①配偶者や同居していた親族がいないこと。

②相続開始前3年以内に、自分や配偶者名義の家、三親等以内の親族などが所有する家に住んでいないこと（借家住まい）。

③その家を過去に所有したことがないこと。

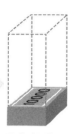

評価額が
80%減

2 特定事業用宅地

被相続人（または被相続人と生計を共にしていた親族）が事業に使っていた土地。**上限は400㎡**。

主な適用条件

☐ 相続した人が事業を引き継いで、その後*もその土地を所有する。　＊申告期限まで。

☐ 事業開始が相続開始前3年以内ではない。

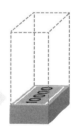

評価額が
80%減

3 貸付事業用宅地

被相続人が貸していた賃貸不動産や駐車場などの土地。**上限は200㎡**。

主な適用条件

☐ 相続した人が事業を引き継いで、その後*もその土地を所有する。　＊申告期限まで。

☐ 事業開始が相続開始前3年以内ではない。

評価額が
50%減

第6章　不動産を相続したときの税金

計算してみよう

不動産を活用した場合の
節税効果をチェック

現金とくらべて不動産の評価額がどれくらい下がるのか、
さらに小規模宅地等の特例活用でどうなるのか確認してみましょう。

利用のしかたで評価額はこんなに変わる

条件 遺産総額1億円。

 すべて現金のままなら 評価額 1億円

1億円のうち6000万円で土地を購入する

- 評価額はこうなる
  （土地が実勢価格の80%で評価された場合）

土地　6000万円×80%＝ **4800万円**

 現金 **4000万円**

評価額合計 **8800万円**

評価額は現金より不動産
が有利なんだ。小規模宅
地等の特例を使えれば
もっと下がるのね。

この土地に 4000 万円の自宅を建てる

● 評価額はこうなる
（建物の評価額は購入価格の 60%とする）

土地 （左ページの計算） **4800 万円**
＋） 建物 4000 万円× 60%＝ **2400 万円**

評価額合計 7200 万円

小規模宅地等の特例を利用

● 評価額はこうなる
（土地の評価額がマイナス 80%に）

土地 4800 万円×（1 － 0.8）＝ **960 万円**
＋） 建物 （上記の計算） **2400 万円**

このページの例の中では
最も有利な結果に。

評価額合計 3360 万円

この土地に 4000 万円の賃貸アパートを建てる

● 評価額はこうなる
（借地権割合は 70%、借家権割合は 30%とする）

土地 4800 万円×（1 － 70%× 30%）
＝ **3792 万円**

建物 4000 万円× 60%×（1 － 30%）
＝ **1680 万円**

評価額合計 5472 万円

小規模宅地等の特例を利用

● 評価額はこうなる
（土地の評価額がマイナス 50%に）

土地 3792 万円×（1 － 0.5）＝ **1896 万円**
＋） 建物 （上記の計算） **1680 万円**

評価額合計 3576 万円

第6章 不動産を相続したときの税金

相続税の申告

原則として相続開始から 10か月以内に申告する

 相続税の申告には、多くの申告書類や添付書類が必要になるので、相続人全員で協力してまとめる。

相続人全員で1通の申告書をつくる

相続税は相続税の申告により納めます。申告期限は、被相続人が亡くなった日（相続開始日）*の翌日から10か月以内です。申告先は被相続人の住所地を管轄する税務署です。納付は相続人それぞれが行います。

遺産を取得した人全員の税額などは、相続税の申告書（第1表）にまとめます。相続税の総額は相続税の総額の計算書（第2表）で計算します。申告書にはそれぞれの人の記名とマイナンバーの記載が必要です。

取得した財産の内容に応じて、計算明細書や付表も作成します。それぞれに添付する証明書類などは、入手に時間がかかることもあるため、計画的に進めることが必要です。

なお、遺産分割協議が終わっていなくても申告期限は延びません。この場合は、法定相続分で分割したものとして申告・納付します。

*または被相続人が亡くなったことを知った日。

相続税の申告時の主な必要書類

- [ ] すべての相続人を明らかにする戸籍謄本、または法定相続情報一覧図の写し
- [ ] 遺言書または遺産分割協議書の写し（ある場合）
- [ ] 相続人全員の印鑑証明書（遺産分割協議書に押印したもの）
- [ ] その他、適用を受ける特例などに応じた必要書類
- [ ] 相続税の申告書（第1表）
- [ ] 相続税の総額の計算書（第2表）
- [ ] その他必要な計算明細書など（第3表～第15表）

相続税の申告書　記入の流れとポイント①

相続税の申告書（第1表）

各相続人の相続税額を計算して記入する。

1
**被相続人の遺した
財産について記入する。**

・遺産の内容・金額、相続税の総
額、税額控除の金額など。

2
**相続人ごとの
遺産について記入する。**

・相続した遺産の金額を記入する。
・各相続人の相続税額を計算する。
・税額控除などを記入して、相続
税額から差し引く。
・相続人が複数の場合はその数に
応じて、下の第1表（続）を使用
する（共同で申告する場合）。

Point

**それぞれ第3表～第
15表（必要なもの）
を作成してから、金
額などを転記する。**

相続税の申告書
（第1表）（続）▶

注・ソフトを活用して e-Tax による申告・納付が可能。e-Tax の場合は画面の案内にしたがって入力・作成する。

相続税の申告書　記入の流れとポイント②

相続税の総額の計算書（第2表）

相続税の総額を計算・記入する。

1

課税遺産総額を計算する。

・第1表などから、課税価格（遺産総額）を転記して計算する。

2

各相続人の相続税額、相続税の総額を記入する。

・各相続人の法定相続分を計算、合計する。

POINT

法定相続分で分割した場合の税額を計算する。

ひとくち COLUMN　申告後に「税務調査」が行われることがある

　申告内容に疑問や確認事項がある場合、税務署による税務調査が行われることがあります。通常、申告書を提出して1～2年後までに、調査官が相続人の自宅などを訪問して、聞き取りや関係書類の確認をするものです。

　申告もれや間違いが見つかると、修正申告により不足する税額や延滞税などを納めることになります。

必要に応じて計算明細書などを使用する

☐ **第3表**
農地を引き継いで農業を行う相続人がいる場合。

☐ **第4表**
相続税の2割加算（→154ページ）の対象者がいる場合、暦年課税の贈与税額控除の適用を受ける人がいる場合。

☐ **第5表**
配偶者の税額軽減（→154ページ）の適用を受ける場合。

☐ **第6表**
未成年者控除や障害者控除（→155ページ）の適用を受ける人がいる場合。

☐ **第7表**
相次相続控除（→155ページ）の適用を受ける場合。

☐ **第8表**
外国税額控除（→155ページ）の適用などを受ける人がいる場合。

　☐ **第8の8表**
　第6～第8表の税額控除がある場合。

☐ **第9表**
被相続人の死亡保険金などを相続した人がいる場合。

☐ **第10表**
被相続人の退職手当金などを相続した人がいる場合。

☐ **第11表** **必須**
課税対象となる財産をまとめる。

　☐ **第11の2表**
　相続時精算課税制度の適用者がいる場合

　☐ **第11・11の2表の付表1など**
　小規模宅地等の特例の適用を受ける場合。

☐ **第12表**
納税猶予を受ける農地がある場合。

☐ **第13表**
遺産から差し引ける、マイナスの財産や葬儀費用がある場合。

☐ **第14表**
相続開始前3年以内に、暦年課税の生前贈与（通常の贈与）を受けた人がいる場合など。

☐ **第15表** **必須**
第9表～第14表の記入後、遺産を種類ごとにまとめる。

一括納付が難しい場合、分割納付もできる

相続税では、分割納付（延納）や現物による納付（物納）が可能。
ただし、申請により税務署の審査を受けることになる。

延納にはさまざまな条件がある

相続税は、それぞれの相続人が期限までに現金で一括納付することが原則です。それが難しい場合は、税額を分割納付する延納を申請できます。ただし、一括納付ができない理由などについて、税務署に認められる必要があります。

延納期間は原則として5年までですが、不動産の割合が大きい場合は最高20年まで可能です。延納による納付は年1回ずつで、定められた利子税（利息）を合わせて納めます。

延納も難しければ物納もできる

延納によっても相続税の納付が困難な場合、現金以外の現物による物納を申請できます。延納と同じように税務署の審査を受けて、許可を受けなければなりません。

物納する財産は自由に選べるわけではなく、優先順位が設けられています（→右ページ）。上位の財産がない場合に、下位の財産による納付が認められます。抵当権のついた財産や係争中の財産などは物納に使えません。

延納や物納を希望する相続人は、相続税の申告期限までに、相続税延納申請書または相続税物納申請書と「金銭納付を困難とする理由書」を、被相続人の住所地を管轄する税務署に提出します。延納では担保にする財産を証明する書類、物納では物納財産の内容がわかる書類の添付も必要です。通常、提出後3か月以内に許可または却下が行われます。

税金メモ　**一括納付への変更**　延納を選んだ後でも、不動産の売却などで資金ができた場合は、残額の一括納付ができる。延納による納付が困難になった場合は、物納への変更も可能。

延納と物納の条件とポイント

一括納付が難しい
▼
延納（5〜20年の分割納付）ができる

担保にできる財産は、国債や地方債、社債や有価証券、土地、建物など。

主な延納の条件

☐ 税額が10万円を超えている。

☐ 一度に納めるのが困難な理由がある。

☐ 担保がある（延納税額が100万円以下で、延納期間が3年以下なら不要）。

▽

相続税の申告期限までに
延納申請書を提出する（審査あり）。

延納しても現金による納付が難しい
▼
物納（現物による納付）ができる

物納できる財産

第1順位　不動産、国債・地方債、船舶、上場株式など。

第2順位　非上場株式など（第1順位の財産がない場合）。

第3順位　動産（第2順位の財産もない場合）。

主な物納の条件

☐ 物納する財産は、国内にあり一定条件に当てはまるもの。

☐ 「管理処分不適格財産」は不可。

抵当権などがついた財産、係争中の財産、他の人との共有財産など。

▽

相続税の申告期限までに
物納申請書を提出する（審査あり）。

不動産の相続は
登記することで完了する

遺産分割後の権利を確定させる

　不動産を相続したときは、その不動産の名義を被相続人（亡くなった人）から相続人に変更します。これを相続登記といいます。これまでは相続登記の手続きに法律による期限がなく、登記しなくても罰せられることもありませ

相続登記の流れ

必要書類を入手して、登記申請書を作成する。

主な必要書類（一般的な例）

- ☐ 登記申請書
- ☐ 被相続人の戸籍謄本（出生から死亡まですべてのもの）、住民票
- ☐ すべての相続人の戸籍謄本や住民票
- ☐ 固定資産評価証明書
- ☐ 遺産分割協議書（ある場合）、各相続人の印鑑証明書

注・法務局の証明を受けた「法定相続情報一覧図」の写しを提出すると、戸籍謄本などの提出は省略可。

その不動産の所在地を管轄する法務局に提出する（登記申請）

申請内容の審査を受ける。

登記の完了

法務局で登記識別情報通知書を受け取る（登記完了から3か月以内）。

んでしたが、令和6年4月からは義務となりました（→13ページ）。

　相続登記を怠ると、その不動産に対する権利が確定しないため、売買など
その不動産の活用が難しくなります。将来その不動産に再度の相続が生じた
場合には、手続きが複雑化します。第三者に不動産を悪用される恐れもあり
ます。相続後は、すみやかに相続登記をしておきましょう。

司法書士に依頼することが多い

　相続登記は、登記申請書を作成して必要書類と一緒に法務局へ提出します。
登記手続きは煩雑なので、司法書士に依頼することが一般的です（10万円
程度の報酬がかかる）。また、登記の際は登録免許税も必要です（→24ペー
ジ）。税率は、建物、土地それぞれに固定資産税評価額の0.4%です。

登記申請書の例

司法書士に作成してもら
うか本人自ら作成する。
パソコンでも手書きでも
かまわない。
書式のひな型や記載例は、
法務局のホームページか
らダウンロードもできる。

司法書士にお願いする
とお金がかかるけど、
自分でするには手間が
かかりそう…

登　記　申　請　書

登記の目的　　所有権移転
原　　因　　令和●年6月15日相続
相　続　人　（被相続人　吉野　光雄）

　（申請人）〇〇市〇〇町〇丁目〇番地
　　　　　　　　　　吉野君子　　印

　　　連絡先の電話番号000−000−0000
添付情報
　　登記原因証明情報　　住所証明情報
□登記識別情報の通知を希望しません。

令和　●年7月30日申請　△△法務局　〇〇支局

課税価格　金6,000万円

登録免許税　金24万円

不動産の表示
　不動産番号　　123456789×××
　所　　在　　〇〇市〇〇町〇丁目
　地　　番　　〇番
　地　　目　　宅　地
　地　　積　　200・45平方メートル

　不動産番号　　987654321×××
　所　　在　　〇〇市〇〇町〇丁目〇番
　家屋番号　　〇番
　種　　類　　居　宅
　構　　造　　木造スレート葺2階建
　床　面　積　　1階　80・00平方メートル
　　　　　　　　2階　55・35平方メートル

早くからの準備で 税額を抑え、紛争を避ける

相続税の軽減（評価額を下げる、相続財産を減らすなど）とともに、納税資金の確保や相続のトラブル予防も重要。

工夫により税負担を抑えられる

相続対策は相続開始からでも可能ですが、できることは限定されます。生前、時期が早ければ早いほど、対策の選択肢は多くなります。

まず相続税の負担を軽くするには、不動産の活用で財産の評価額を下げます。現金を不動産にする、不動産を賃貸にする、相続時に小規模宅地等の特例（→162ページ）を利用するといった方法を検討します。

110万円の基礎控除以下の贈与（→128ページ）や住宅取得等資金贈与の非課税特例（→132ページ）、相続時精算課税制度（→134ページ）など、生前贈与を活用すれば、財産の早期移転とともに相続財産を減らすことができます。ただし、特例などは併用できないものもあるので注意します。

また、遺産の大半が不動産の場合などは、一定の納税資金の準備も必要です。生命保険には非課税枠があるため（500万円×相続人の数）、相続人を受取人とした生命保険金は納税資金として活用できます。

遺言書をつくっておく

相続トラブルを避けるためには、生前に遺言書を作成して、あらかじめ分割方法などを決めておくことが有効です。被相続人の意思なら、相続人も納得しやすいでしょう。遺言なら相続人以外の人に財産を残すこともできます。

ただし、不公平だったり特定の人を優遇するような遺言は、かえってトラブルを招きかねません。相続人全員が納得できる内容であることが重要です。

税金メモ **墓石や墓地は生前に** 墓石や墓地、仏壇・仏具などは非課税財産となる。ただし、相続が始まってから購入しても非課税にならない。生前に購入しておくことが必要。

相続対策には3つのポイントがある

 **相続税の
負担を
軽減**

対策例
- ●財産の評価額を下げる（現金を不動産にする、小規模宅地等の特例の適用を受けるなど）。
- ●生前贈与で財産を減らす（110万円の基礎控除や贈与税の特例の活用など→128～135ページ）。
- ●相続税の税額控除や特例などを活用する（配偶者の税額軽減の適用を受けるなど）

POINT

> その他、孫を養子にすることで基礎控除を増やす方法もある。

 **納税資金
の確保**

対策例
- ●生命保険に加入する（生命保険金の非課税枠を活用できる）。

 **相続
トラブルの
予防**

対策例
- ●生前贈与を行う（被相続人の希望に沿って確実に財産を渡せる）。
- ●遺言書をつくっておく（できるだけ公平な分割を心がける）。

ひとくち COLUMN

遺言書作成には
ルールがある

　手書きによる遺言書（自筆証書遺言）は手軽に作成できますが、内容の誤りや署名・押印、日付など形式の不備があれば無効です。紛失や死後発見されない恐れも。相続開始後、家庭裁判所による検認（確認・認定）に時間がかかることもあります（法務局で保管してもらうこともできる。この場合検認不要）。公証役場で作成する公正証書遺言なら、一定の手間と費用がかかるものの確実な遺言を残すことができます。

空き家になった家の売却は税金が軽くなる

相続した空き家を売却しやすくするために、
売却したときの税負担を軽くする特例が設けられている。

空き家売却を支援する特例

相続で空き家になった被相続人の家を売却した場合、譲渡所得（売却で得た利益）から 3000 万円＊を差し引くことができます。この特例を空き家の 3000 万円特別控除といいます。年々放置される空き家が増えて、治安の悪化や災害時の倒壊の危険など、周辺の生活環境に悪影響をもたらしていることから、空き家を売却しやすくするために設けられた特例です。

適用を受けるには、建物が一定の耐震基準を満たしている必要があるため、耐震改修を行ってから売却するか、建物を解体して更地にしてから売却する必要があります。また売却の後、その買い主が条件を満たす工事などを一定期間内に行う場合も認められます。売却は相続開始から 3 年目の 12 月までに行うことが条件です。

老人ホームなどへの入居も対象となった

令和 9 年 12 月までの特例です。一定条件を満たせば、小規模宅地等の特例や 3000 万円特別控除（同年内なら合計 3000 万円まで）、居住用財産の買い換え特例と併用ができます。また、被相続人が亡くなったときにその家に住んでおらず、老人ホームなどに入所していた場合も適用対象です。

なお、空き家を売却したときの譲渡所得の計算は、通常のマイホーム売却と同様、収入金額（売却金額）－必要経費（取得費＋譲渡費用）により計算します（→ 70 ページ）。

税金メモ **低未利用地の売却の特別控除**　一定条件を満たす低未利用地（空き地や空き家など）なら、売却益からは 100 万円を控除できる（令和 7 年 12 月まで）。売却金額は原則 500 万円以下が条件。

　＊令和 6 年 1 月以降の売却から、その家屋・敷地を相続した人が 3 人以上なら 2000 万円。

空き家の3000万円特別控除はこんなしくみ

注・令和6年1月以降は、売却の翌年2月15日までに買い主が耐震工事や取り壊しを行う場合も適用を受けられる。

耐震工事をした
（必要な場合）

相続した家

または

建物を取り壊した

売却

売却

譲渡所得から
3000万円を
差し引ける。

建物の主な条件

☐ 被相続人が1人で暮らしていた。

☐ 昭和56年5月31日以前に建てられた建物（マンションなどを除く）。

☐ 相続から売却まで空き家であった。

売却の主な条件

☐ 建物が現行の耐震基準に適合している。

☐ 売却金額が1億円以下である。

☐ 相続開始から3年目の12月までに売却する（令和9年まで）。

☐ 配偶者や生計を共にする親族などへの売却ではない。

ひとくち COLUMN

3年10か月以内の相続財産売却には軽減措置あり

　相続した不動産や株式などの売却には、所得税や住民税がかかります。ただし、その財産について相続税を納めていれば、相続税の一部を「取得費」に加えられます（相続税の取得費加算の特例）。取得費は必要経費として、売却金額から差し引くことができるため、その分税金を少なくできます。相続開始の翌日から3年10か月以内の売却であることなどが条件です。売却の翌年に確定申告が必要です。

相続したときの税金
Q & A

Q1

被相続人が残した借金も 相続しなければならないのでしょうか ❓

　遺産に借金などマイナスの財産が多い場合は、相続自体を放棄することができます（相続放棄）。遺産が債務超過になるかどうかはっきりしない場合は、プラスの財産の範囲内でマイナスの財産を引き継ぐ限定承認という方法もあります。

　いずれも、相続開始日*の翌日から3か月以内に、家庭裁判所に申し立てが必要です。相続放棄は各相続人が単独でできますが、限定承認は相続人全員で申し立てをしなければなりません。

*被相続人が亡くなった日、または亡くなったことを知った日。

相続放棄と限定承認

相続放棄

プラスの財産
が少ない。　　　　　マイナスの財産
　　　　　　　　　　が多い。

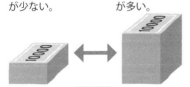

遺産を一切相続しない。

限定承認

プラスの財産　　　　マイナスの財産

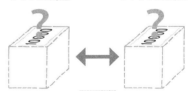

プラスの財産の範囲内でマイナスの
財産を引き継ぐ。

相続開始の翌日から3か月以内に家庭裁判所に申し立て

Q2

被相続人が亡くなった年の確定申告はどうすればよいですか❓

　亡くなった年（亡くなった日まで）、被相続人に一定の所得があった場合、相続人が代わって確定申告を行います。これを準確定申告といいます。準確定申告は、相続開始日の翌日から4か月以内に行います。

　準確定申告により納めた税金は、遺産から差し引くことができます（還付金は遺産の一部となる）。また被相続人が事業を行っていた場合、消費税の申告も必要になることがあります。

Q3

「二次相続のことまで考える」とはどういうことですか❓

　最初の相続（一次相続という）で残された配偶者が、その後亡くなることで生じる相続を二次相続といいます。二次相続では相続人が1人少なくなり（基礎控除が減る）、配偶者の税額軽減（→154ページ）は使えないため、税負担が重くなりがちです。一次相続の時点で、次の相続を見すえた遺産分割を考えることが大切です。

　なお、二次相続が一次相続から10年以内だった場合、相次相続控除の適用を受けられます（→155ページ）。

二次相続の例

一次相続

被相続人：父
相続人：母、子A、子B

・基礎控除は3人分。
・配偶者の税額軽減が使える。

二次相続

被相続人：母
相続人：子A、子B

・基礎控除は2人分。
・配偶者の税額軽減は使えない。

Q4

配偶者居住権、配偶者短期居住権とはどんなものですか

配偶者居住権は、被相続人が亡くなって残された配偶者が、被相続人の家（自宅）にそのまま住み続けられる権利です。配偶者居住権の評価額は所有権の半分程度になるため（条件により異なる）、所有権を相続する場合とくらべて、生活資金となる預貯金などほかの遺産を多く相続できます。

配偶者にとっての、遺産分割の新しい選択肢として活用できます。ただし、配偶者居住権の評価額の具体的な計算や手続きはやや複雑なので、専門家に相談すると安心です。

また、配偶者は「配偶者短期居住権」により、遺産分割の終了まで（または相続開始から6か月）無償・無条件で自宅に住むことができます。

Q5

相続人に小さな子や認知症の人がいる場合、遺産分割協議はどうしたらよいですか

相続人に未成年者、認知症の人、行方不明の人などがいて、遺産分割協議に本人が参加できないといった場合、代理人を立てる必要があります。代理人は相続人以外の親族のほか、弁護士などの専門家から選ばれます（選任）。

選任には、相続人などによる家庭裁判所への申し立てが必要です。

ケースごとに代理人は異なる

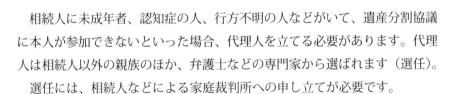

未成年者	…親権者または特別代理人[*1]。
認知症の人	…成年後見人[*2]など。
行方不明の人	…不在者財産管理人[*3]。

* 1 親権者と未成年者の利害が相反する場合などに選任される代理人。
* 2 認知症などで判断能力が衰えた人に代わって、その人の財産や生活を守る人。
* 3 行方不明者の財産を管理する人。

巻末特集

お役立ち
税金関連資料

―令和6年版―

領収書*の印紙税

*売上代金にかかる金銭または有価証券の受取書。

記載金額	税額	記載金額	税額
5 万円未満	非課税	3000 万円超 5000 万円以下	1 万円
5 万円以上 100 万円以下	200 円	5000 万円超 1 億円以下	2 万円
100 万円超 200 万円以下	400 円	1 億円超 2 億円以下	4 万円
200 万円超 300 万円以下	600 円	2 億円超 3 億円以下	6 万円
300 万円超 500 万円以下	1000 円	3 億円超 5 億円以下	10 万円
500 万円超 1000 万円以下	2000 円	5 億円超 10 億円以下	15 万円
1000 万円超 2000 万円以下	4000 円	10 億円超	20 万円
2000 万円超 3000 万円以下	6000 円	金額の記載のないもの	200 円

所得税（速算表） A × B － C で計算

課税所得金額 A	税率 B	控除額 C
195 万円以下	5 %	－
195 万円超 330 万円以下	10%	9 万 7500 円
330 万円超 695 万円以下	20%	42 万 7500 円
695 万円超 900 万円以下	23%	63 万 6000 円
900 万円超 1800 万円以下	33%	153 万 6000 円
1800 万円超 4000 万円以下	40%	279 万 6000 円
4000 万円超	45%	479 万 6000 円

住民税

所得割（10%）＋均等割（5000 円）　※いずれも標準税率。

譲渡所得の所得税・住民税

長期譲渡所得	所得税	15%
	住民税	5％
短期譲渡所得	所得税	30%
	住民税	9％

復興特別所得税

所得税額× 2.1%

給与所得控除額

給与などの収入金額	控除額	給与などの収入金額	控除額
180 万円以下	収入金額× 40％－10 万円 (55 万円未満は全額)	660 万円超 850 万円以下	収入金額× 10％＋110 万円
180 万円超 360 万円以下	収入金額× 30％＋8 万円	850 万円超	195 万円（上限）
360 万円超 660 万円以下	収入金額× 20％＋44 万円		

公的年金等控除額　※公的年金等以外の所得が 1000 万円以下の場合。

65 歳未満

公的年金等の収入金額	控除額
130 万円未満	60 万円
130 万円以上 410 万円未満	収入金額× 25％＋27 万 5000 円
410 万円以上 770 万円未満	収入金額× 15％＋68 万 5000 円
770 万円以上 1000 万円未満	収入金額× 5％＋145 万 5000 円
1000 万円以上	195 万 5000 円

65 歳以上

公的年金等の収入金額	控除額
330 万円未満	110 万円
330 万円以上 410 万円未満	収入金額× 25％＋27 万 5000 円
410 万円以上 770 万円未満	収入金額× 15％＋68 万 5000 円
770 万円以上 1000 万円未満	収入金額× 5％＋145 万 5000 円
1000 万円以上	195 万 5000 円

所得控除（一覧）

名称	主な適用条件	控除額
社会保険料控除	本人や家族の社会保険料（健康保険料、厚生年金保険料など）を支払った。	1 年間に支払った全額
小規模企業共済等掛金控除	小規模企業共済やイデコなどの掛金を支払った。	1 年間に支払った全額
生命保険料控除	一定の生命保険料や個人年金保険料を支払った。	生命保険料：最高 4 万円、個人年金保険料：最高 4 万円、介護医療保険料：最高 4 万円（平成 24 年契約分から。合計で最高 12 万円）
地震保険料控除	地震保険料を支払った。	地震保険料：最高 5 万円、旧長期損害保険料：最高 1 万 5000 円（合計で最高 5 万円）
障害者控除	本人や一定の配偶者、扶養親族が一定の障害者・特別障害者である。	27 万円（特別障害者 40 万円、同居特別障害者 75 万円）
寡婦控除、ひとり親控除	夫（妻）と死別、離婚、未婚のひとり親など、一定条件に当てはまる。	子がいる場合 35 万円
勤労学生控除	1 年間の合計所得金額 75 万円以下など、一定条件を満たす勤労学生。	27 万円
扶養控除	1 年間の合計所得金額 48 万円以下の扶養親族がいる。	扶養親族の年齢などにより 1 人 38 万～63 万円
配偶者控除	1 年間の合計所得金額 48 万円以下の配偶者がいる**。	最高 38 万円（70 歳以上の配偶者は最高 48 万円）
配偶者特別控除	1 年間の合計所得金額 48 万円超 133 万円以下の配偶者がいる**。	最高 38 万円
基礎控除	本人の合計所得金額が 2500 万円以下。	最高 48 万円
雑損控除	災害や盗難などで、本人や家族の資産に一定以上の損害を受けた。	①差引損失額－総所得金額×10%、②差引損失額のうち災害関連支出－5 万円 いずれか多いほう
医療費控除	本人や家族の 1 年間の医療費がおおむね 10 万円を超える。	（医療費－保険金などの補塡金額）－10 万円*（最高 200 万円） *総所得金額 200 万円未満なら総所得金額×5%。
寄附金控除	国や自治体などに寄附（特定寄附金）をした。	特定寄附金の額*－2000 円 *総所得金額の 40%が上限。

＊＊本人の合計所得金額が 1000 万円以下。

贈与税（速算表）　A × B − C で計算。

課税価格 A	一般税率		課税価格 A	特例税率	
	税率 B	控除額 C		税率 B	控除額 C
200 万円以下	10%	−	200 万円以下	10%	−
200 万円超 300 万円以下	15%	10 万円	200 万円超 400 万円以下	15%	10 万円
300 万円超 400 万円以下	20%	25 万円	400 万円超 600 万円以下	20%	30 万円
400 万円超 600 万円以下	30%	65 万円	600 万円超 1000 万円以下	30%	90 万円
600 万円超 1000 万円以下	40%	125 万円	1000 万円超 1500 万円以下	40%	190 万円
1000 万円超 1500 万円以下	45%	175 万円	1500 万円超 3000 万円以下	45%	265 万円
1500 万円超 3000 万円以下	50%	250 万円	3000 万円超 4500 万円以下	50%	415 万円
3000 万円超	55%	400 万円	4500 万円超	55%	640 万円

相続税（速算表）　A × B − C で計算。

各相続人の取得金額 A	税率 B	控除額 C
1000 万円以下	10%	−
1000 万円超 3000 万円以下	15%	50 万円
3000 万円超 5000 万円以下	20%	200 万円
5000 万円超 1 億円以下	30%	700 万円
1 億円超 2 億円以下	40%	1700 万円
2 億円超 3 億円以下	45%	2700 万円
3 億円超 6 億円以下	50%	4200 万円
6 億円超	55%	7200 万円

法定相続分

相続人	法定相続分	
	配偶者	配偶者以外
配偶者と子	$\dfrac{1}{2}$	$\dfrac{1}{2}$ *
配偶者と父母（祖父母）	$\dfrac{2}{3}$	$\dfrac{1}{3}$ *
配偶者と兄弟姉妹	$\dfrac{3}{4}$	$\dfrac{1}{4}$ *

注・配偶者がいない場合は全額を相続人の間で均等に分割。相続人が1人の場合は全額。
* 配偶者以外の相続人が複数なら、この割合を均等に分割。

遺留分

相続人	遺留分	
	配偶者	配偶者以外
配偶者と子	$\dfrac{1}{4}$	$\dfrac{1}{4}$ *
配偶者と父母（祖父母）	$\dfrac{2}{6}$	$\dfrac{1}{6}$ *
配偶者と兄弟姉妹	$\dfrac{1}{2}$	－

注・相続人が1人の場合、配偶者、子は1/2。父母（祖父母）は1/3。兄弟姉妹はなし。
* 子や父母（祖父母）が複数なら、この割合を均等に分割。

税率や所得控除の条件・金額などは、毎年の改正で変わる可能性があるため、常に最新情報を確認します。

さくいん

● 監修者

吉澤 大（よしざわ・まさる）　税理士

1967年生まれ。税理士。本郷公認会計士事務所（現辻・本郷税理士法人）を経て、吉澤税務会計事務所設立。不動産全般、とりわけ相続や事業承継、資産税に強い税理士として、首都圏を中心に活躍している。

著書に『〈2時間で丸わかり〉不動産の税金の基本を学ぶ』『はじめての人にもわかる金融商品の解剖図鑑』（ともにかんき出版）など多数。

・吉澤税務会計事務所ホームページ　https://at-brain.com/

● 本文デザイン	有限会社南雲デザイン
● イラスト	坂木浩子（株式会社ぽるか）
● 校正	寺尾徳子
● DTP	株式会社明昌堂
● 編集協力	株式会社オフィス201、横山渉
● 企画・編集	成美堂出版編集部

本書に関する正誤等の最新情報は、下記アドレスで確認できます。
https://www.seibidoshuppan.co.jp/support/

※上記アドレスに掲載されていない箇所で、正誤についてお気づきの場合は、書名・発行日・質問事項・氏名・郵便番号・住所・FAX番号を明記の上、**成美堂出版**まで**郵送**または**FAX**でお問い合わせください。お電話でのお問い合わせはお受けできません。

※本書の正誤に関するご質問以外にはお答えできません。また、税務相談などは行っておりません。

※内容によっては、ご質問をいただいてから回答を郵送またはFAXで発送するまでにお時間をいただく場合があります。

※ご質問の受付期限は2025年6月末到着分までとさせていただきます。ご了承ください。

図解 いちばんやさしく丁寧に書いた不動産の税金 '24～'25年版

2024年7月1日発行

監　修	吉澤　大（よしざわ　まさる）
発行者	深見公子
発行所	成美堂出版
	〒162-8445　東京都新宿区新小川町1-7
	電話(03)5206-8151　FAX(03)5206-8159
印　刷	大盛印刷株式会社

©SEIBIDO SHUPPAN 2024　PRINTED IN JAPAN
ISBN978-4-415-33427-1